Irmgard Grunwald

**Bei Gott ist mein Zuhause**

Glaubens- und Lebensweisheiten
auf den Punkt gebracht

Irmgard Grunwald

# Bei Gott ist mein Zuhause

Glaubens- und
Lebensweisheiten
auf den Punkt
gebracht

Die Texte dieses Buches sind als Kolumne im christlichen Magazin Ethos erschienen. Dieses Magazin erscheint monatlich mit vielen illustrierten Berichten und Reportagen. Im Mittelpunkt steht immer die Gute Nachricht von Jesus Christus (www.ethos.ch).

Besuchen Sie die Website von Irmgard Grunwald:
www.irmgardgrunwald.com

Irmgard Grunwald
**Bei Gott ist mein Zuhause**
Glaubens- und Lebensweisheiten auf den Punkt gebracht

Bestell-Nr. 271.001
ISBN 978-3-86353-001-3

Soweit nicht anders vermerkt, wurde die folgende Bibelübersetzung verwendet:
Revidierte Elberfelder Bibel © 1985/1991/2008 SCM R.Brockhaus im SCM-Verlag GmbH & Co. KG, Witten
Darüber hinaus wurden die folgenden Übersetzungen verwendet:
Bibeltext der Übersetzung von Schlachter
Copyright © 2000 Genfer Bibelgesellschaft (Schl)
Bibeltext der Neuen Genfer Übersetzung – Neues Testament und Psalmen, Copyright © 2011 Genfer Bibelgesellschaft (NGÜ)
Hoffnung für alle, © 1983, 1996, 2002 by Biblica Inc.TM; Übersetzung, Herausgeber und Verlag: Brunnen Verlag, Basel und Gießen (Hfa)
Die Bibel nach der Übersetzung Martin Luther in der revidierten Fassung von 1984. Durchgesehene Ausgabe in neuer Rechtschreibung. © 1999 Deutsche Bibelgesellschaft, Stuttgart (LÜ)

1. Auflage
© 2013 Christliche Verlagsgesellschaft, Dillenburg
www.cv-dillenburg.de
Satz: Christliche Verlagsgesellschaft Dillenburg; M. Kocherscheidt
Umschlaggestaltung: Jens Vogelsang
Umschlagmotiv: istockphoto.com
Druck: CPI Moravia
Printed in Czech Republic

# Inhalt

# Vorwort
## von Daniela Wagner-Schwengeler

W arum geht's mir so gut, warum den andern schlecht?", schrieb Irmgard Grunwald unlängst in einer E-Mail an mich. Gewöhnlich hört man den Satz in umgekehrter Reihenfolge: „Warum geht's mir so schlecht, warum den andern gut?"

Die wenigen Worte machen deutlich: Irmgard Grunwald ist eine Frau der Dankbarkeit. Dabei sind ihre Umstände alles andere als rosig.

Seit dreizehn Jahren leidet die Mutter von fünf Kindern an der unheilbaren Krankheit ALS. Sie ist im eigenen Körper gefangen, gelähmt, und dies bereits seit ihrem einundvierzigsten Lebensjahr. Rund um die Uhr ist sie auf Betreuung angewiesen. Alle Texte, die davon sprechen, wie Jesus Christus ihr Leben reich macht, schreibt sie mithilfe eines Sprachcomputers. Bewundernswert!

Im Geiste höre ich Irmgard Grunwald protestieren. Sie will nicht bewundert werden. Die Menschen sollen nicht von ihr fasziniert sein, sondern von dem, der in ihr wirkt.

Das vorliegende Buch ist eine wertvolle Sammlung einiger ihrer in ethos, einem christlichen Monatsmagazin, erschienenen Artikel. Ehrlich erzählt die Autorin aus ihrem Alltag. Erlebtes wird zu einem Bild, durch das Gott zu ihr redet. Der himmlische Vater verhindert die dunklen Täler in ihrem Leben nicht. Aber er weist ihr als das Licht den Weg, tröstet sie in Traurigkeit und trägt sie, wenn ihre Kräfte versagen. Bei Ihm ist ihr Zuhause. Es hält allen Stürmen stand und schenkt Geborgenheit.

Vordergründig wurde Irmgard Grunwald durch ALS alles genommen. In Wahrheit hat sie mit ihrer völligen Hingabe an Gott alles gewonnen. Sie weiß, dass ihr Erlöser lebt!

Ich bin wohl nur eine von vielen, die durch das Leben und Zeugnis der Autorin reich beschenkt wurden. Viele Früchte, die Gott durch sie wirkt, werden erst in der Ewigkeit sichtbar sein. Aus dem Gefängnis ihres Körpers befreit, wird sie dann Gott, den sie geliebt und an den sie geglaubt hat, schauen. Welch wunderbare Zukunftsaussicht!

Ja, den Kindern des Höchsten geht es wirklich gut!

# Statt einer Einleitung:
# Gesucht und gefunden –
# Wie Gott mich fand ...

*Wenn ihr nicht (...) werdet wie die Kinder ...*
(Matthäus 18,3)

*... und uns Menschen, die wir sagen:*
*Gott? Den gibt es sicher nicht.*
*Und den Mädchen und den Knaben*
*lasse leuchten, Herr, dein Licht!*

Ich war ungefähr acht Jahre alt, als ich dieses unbeholfene Gebet dichtete. In der Schule, zu Hause und in der katholischen Messe, die ich regelmäßig mit meinen Eltern besuchte, hatte ich schon viel von Gott gehört. Seine Existenz und seine Liebe waren für mich selbstverständlich. Aber mir war auch aufgefallen: Längst nicht jeder glaubt an Gott.

9

In meinem kindlichen Gebet stellte ich mich gedanklich zu den Rebellen, die Gott aus ihrem Leben ausschließen, und wollte auch sie dem guten Segen Gottes anvertrauen. Die Reaktion meiner Mutter verwunderte mich: „Aber *wir*, wir glauben doch an Gott. Warum schreibst du denn: ‚... *uns* Menschen, die *wir* sagen ...'?" Damals spürte ich wohl in meinem Inneren, dass die Auflehnung gegen Gott auch in meinem kindlich-gläubigen Herzen immer auf der Lauer lag.

Diese Erkenntnis hatte vielleicht mein Vater bewirkt. Er war ein ernsthaft gläubiger Katholik, der Jesus Christus liebte und ihn auch im Alltag in den Mittelpunkt seines Lebens stellte. Durch sein stilles Beispiel lernte ich, dass auch ein „guter Mensch" seine Sünde der Gottesferne erkennen und dem Herrn bekennen kann und dass Christsein bedeutet, sein Leben in Hingabe an Jesus Christus zu leben.

Doch vorerst war das alles für mich wie ein großes Spiel, das hauptsächlich sonntags gespielt wurde. Spielerisch kopierte ich einiges, was mein kindliches Herz beeindruckte: Mit naiver Frömmigkeit baute ich in meinem Kinderzimmer einen kleinen Altar mit Krippenfiguren, stellte Blumen und eine Kerze dazu – und verursachte damit einen Zimmerbrand, der gerade noch rechtzeitig gelöscht werden konnte!

Mehr noch als der Brand selbst schockierte mich allerdings eine Begebenheit im Anschluss daran: In dem Bestreben, den entstandenen Schaden möglichst großzügig von der Versicherung ersetzt zu bekommen, wurde ich aufgefordert, bewusst falsche Angaben zum Inhalt diverser Schränke zu machen. Konnte das richtig sein?! Konnte Gott das gutheißen? In mir keimten erste Zweifel.

*Denn einst waren auch wir unverständig, ungehorsam, gingen in die Irre, dienten mancherlei Begierden und Lüsten.*
Titus 3,3

Als ich 14 Jahre alt war, stand es für mich fest: Mit dem für meine Begriffe verstaubten traditionell-katholischen Glauben meiner Familie und Verwandtschaft konnte und wollte ich nichts mehr anfangen. Mein erster rigoroser Schritt in die „Glaubensmündigkeit" bestand darin, dass ich mich vom Religionsunterricht in der Schule abmeldete. Und wann immer es möglich war, versuchte ich, dem obligatorischen Besuch der „scheußlich langweiligen" Sonntagsmesse zu entgehen. Am liebsten wollte ich völlig gottlos werden – doch anscheinend konnte ich Gott nicht ganz loswerden! Auf seine eigene stille und unaufdringliche Weise ging er mir nach.

Ich war inzwischen 16, hielt mich für eine unabhängige Atheistin und hatte mich zu einem katholischen Jugendwochenende angemeldet. Mich interessierte nur der anwesende Schriftsteller – an der angekündigten Jugendmesse wollte ich definitiv nicht teilnehmen. Aber es kam alles ganz anders. Bis heute kann ich nicht erklären, wie es zugegangen ist, doch in den neuen Liedern, den Gebeten und der ganzen Atmosphäre dieses Wochenendes wurde mir auf einmal klar: Gott ist ein lebendiger Gott, der zu mir in Beziehung treten möchte. Diese erste persönliche Gotteserfahrung weckte in mir das Bewusstsein, dass Gott auch in mein eigenes Leben hineinsprechen kann.

Doch ich war noch längst nicht bereit, diesem Gott das Ruder für mein Leben zu überlassen. Ich versuchte weiterhin, Gott „einen guten Mann sein zu lassen" und ihn ansonsten einfach zu ignorieren. Ich wurde langsam erwachsen und führte ein eigenwilliges Leben, das sich nur scheinbar in Harmonie mit Gott befand – ich kümmerte mich nicht um seine Gebote, setzte mich über alle in meinen Augen verstaubten „Moralvorstellungen" hinweg und war dabei noch der Meinung, dass Gott das wohl „nicht so eng sehen" würde. Eigentlich fand ich mich „ganz okay". Und auch Gott fand ich „ganz okay". Ich stellte jedoch nie ernsthaft die Frage, was Gott wohl *von mir* halten würde. Im Gegenteil: Ich lebte unbekümmert in der Vorstellung, dass Gott eigentlich mit mir zufrieden sein müsste. Und trotz meiner inneren Rebellion gegen seine Autorität segnete er mich überreich.

*Als aber die Güte und die Menschenliebe unseres Retter-Gottes erschien, rettete er uns, nicht aus Werken, die, in Gerechtigkeit vollbracht, wir getan hätten, sondern nach seiner Barmherzigkeit durch die Waschung der Wiedergeburt und Erneuerung des Heiligen Geistes.*
Titus 3,4–5

Mittlerweile war ich 25 Jahre alt. Ich hatte mein Studium abgeschlossen, hatte geheiratet und war auch schon Mutter einer kleinen Tochter. Mein Mann stammte aus einem traditionell evangelischen Elternhaus und wir hatten gegen den Widerstand sowohl seiner als auch meiner Eltern „ökumenisch" geheiratet. Für uns waren Konfessionsgrenzen völlig bedeutungslos. Wir glaubten beide an die Existenz Gottes, ließen ihn aber ansonsten nicht an unser Leben heran. Wozu auch? Wir kamen prima allein zurecht!

Doch Gott ließ uns nicht einfach so laufen – er ging uns nach!

Mein Mann hatte an der Uni häufig mit einem Angestellten zu tun, der keinen Hehl daraus machte, dass er ein wiedergeborener Christ war. Immer wieder brachte er in der Mensa, auf dem Flur, im Labor das Gespräch auf den Glauben. Er erklärte meinem Mann ausführlich, was Jesus Christus für ihn persönlich getan hatte, und zeigte ihm den Weg zur Wiedergeburt auf. Zur gleichen Zeit hatte ich häufig Kontakt zu seiner Frau, denn die beiden hatten Kinder im Alter unserer Tochter. So bekam auch ich immer wieder das Geschenk der Erlösung durch Jesus angeboten. Wenn mein Mann und ich zu Hause davon sprachen, waren wir uns schnell einig: Das ist ja alles schön und gut, aber brauchen wir das wirklich?! Wir waren weiterhin ganz zufrieden mit unserem selbst gebastelten Gottesbild. Wirklich verstanden hatten wir das Evangelium nicht.

Dann kam die Einladung zu einem wissenschaftlichen Vortrag in einem Museum für Schöpfung – eine evolutionskritische Sammlung. Das Thema „Schöpfung" hatte mich schon immer fasziniert, und ich hielt die scheinbar wissenschaftlich erwiesene Evolutionstheorie zwar für ziemlich unvorstellbar, aber mir war nie eine vernünftige Alternative dazu begegnet. Das änderte sich nun auf eindrucksvolle Weise. Der Leiter des Museums erklärte die Exponate wissenschaftlich – und mit der Bibel in der Hand! Ich war verblüfft. Sollte die Schöpfungsgeschichte tatsächlich wahr sein? Zumindest klang alles sehr plausibel. Zum ersten Mal in meinem Leben keimte ein Gedanke in mir auf: Wenn das alles stimmt, dann stimmen wohl auch die Berichte in den Evangelien! Dann haben auch die Briefe des Neuen Testaments Autorität über mein Leben! Der Geist Gottes hatte mich beim Verstand gepackt und mit einem Mal war mir klar: Die Bibel ist wahr, sie ist Gottes Wort! Eine Woche später kaufte ich meine erste eigene Bibel und begann darin zu lesen.

Das meiste war mir sehr vertraut: die Geschichten aus dem Alten Testament, die Berichte aus den Evangelien. Doch alles das las ich noch sehr theoretisch, mir fehlte der persönliche Bezug.

Wir waren mittlerweile in ein anderes Bundesland umgezogen und suchten nun Anschluss in der evangelischen Kirche. Ich engagierte mich im Kindergottesdienst und besuchte im Rahmen eines Besuchsdienstes junge Familien. Wir waren ernsthaft auf der Suche nach biblischer Wahrheit, kamen jedoch ohne Hilfe einfach nicht weiter. Zwar waren wir privat mit dem jungen evangelischen Pastor und weiteren Gemeindeangestellten befreundet, doch geistliche Hilfestellung konnte uns keiner geben.

Als aus beruflichen Gründen ein weiterer Umzug bevorstand, beteten mein Mann und ich eines Abends um eine Gemeinde, die uns weiterhelfen könnte.

Unser Gebet wurde erhört! Gott führte uns auf abenteuerliche Weise zu einem neuen Wohnort – mit einer biblischen Gemeinde! Eigentlich hatten wir in einen anderen Ort ziehen wollen – doch wir hatten dort keine passende Wohnung gefunden. Wir hatten uns eine „offizielle Kirche" vorgestellt – doch Gott führte uns zu einer freikirchlichen Gemeinde!

Am 1. Advent 1989, kurz nach unserem Umzug, wagten wir uns zögernd und nicht vorurteilsfrei in die kurz zuvor von einem Amerikaner gegründete *Bibel Baptisten Gemeinde*. Es erwartete uns kein Kirchengebäude, sondern wir fanden uns in gemieteten Räumen in einem Geschäftshaus wieder. Wir wurden persönlich angesprochen und freundlich aufgenommen. Unsere inzwischen drei Kinder wurden während des Gottesdienstes liebevoll betreut, die Lieder und Gebete wirkten lebendig und authentisch. Und in der Predigt hörten wir zum ersten Mal eine ernsthafte Auslegung des Wortes Gottes: Die Erlösungstat unseres Herrn Jesus und die Notwendigkeit der Umkehr zu ihm standen auf einmal klar und deutlich vor uns.

*Ja,* dachte ich, *das ist es, was ich gesucht habe, fast ohne mir dessen bewusst zu sein!* Zwölf Jahre waren seit meiner ersten persönlichen Gotteserfahrung vergangen, und Gott ist mir in all den Jahren auf unaufdringliche Weise nachgegangen. Ich habe nicht voller Verzweiflung nach ihm gesucht – aber er hat mich gefunden! Ich habe mich wenig nach ihm gesehnt – doch er hat mich in seiner Liebe immer wieder auf sich aufmerksam gemacht!

Zum Jahreswechsel 1989/90 habe ich seine Liebe endlich wirklich begriffen und meinem Herrn und Heiland Jesus Christus mein Leben gegeben.

*Ich lebe, doch nun nicht ich, sondern Christus lebt in mir.*
Galater 2,20

Meine Bekehrung geschah für mich allein und sehr unspektakulär – durch Gottes Geist wusste ich einfach, dass die Bibel wahr ist, dass Jesus Christus für meine Sünden gestorben ist, dass ich das Geschenk des ewigen Lebens aus Gnade bekomme. Im Lauf der Zeit lernte ich in der Gemeinde immer mehr über den biblischen Glauben, und beim Lesen der Bibel, die ich nun mithilfe des Heiligen Geistes endlich besser verstand, wurde vieles deutlich, was ich zuvor nur verschwommen erkannt hatte. Jesus hatte mich völlig ergriffen, und ich versuchte immer intensiver, mein Leben auf ihn auszurichten. Meinem Mann war es ganz ähnlich ergangen wie mir, und unsere mittlerweile fünf Kinder konnten mit dem Wort Gottes in Familie und Gemeinde aufwachsen.

*Ich werde nicht sterben, sondern leben und des HERRN Werke verkündigen.*
Psalm 118,17

Mehr als zehn Jahre lang lernte ich in der Schule Gottes – in der Gemeinde und im persönlichen Bibelstudium. Ich lernte, das Wort Gottes in der Sonntagsschule und im Teeniekreis weiterzugeben, und arbeitete in der Frauenarbeit unserer Gemeinde mit. Doch ich blieb sehr theoretisch. Was war bei mir schon großartig geschehen? Bei mir gab es durch meinen Glauben an Jesus Christus keine drastischen äußeren Veränderungen im Leben, ich konnte auf keine spektakulären Erlebnisse mit meinem Herrn hinweisen. Ich vertraute Gott, ja – aber wie geht das eigentlich rein praktisch?

Nach vielen Jahren Theorie begann 2001 die Prüfungsphase ...

Ich wurde krank – ALS, eine unheilbare Erkrankung, die meist innerhalb von zwei bis drei Jahren zum Tod führt. Die Krankheit bewirkt Lähmungen im ganzen Körper, bis hin zur Lähmung der Atemmuskulatur. Innerhalb von zwei Jahren wurde ich zum Pflegefall – und unser jüngster Sohn war erst neun Jahre alt!

Doch von Anfang an verspürte ich eine unerklärbare Ruhe und die Gewissheit: Gott macht keinen Fehler, der Herr hat noch etwas mit mir vor. Mein Herr Jesus Christus hat nach wie vor mein Leben in seiner Hand; er hat mich gesucht und gefunden, und der gute Hirte trägt mich weiterhin in seinen Armen!

# 1 Ahnengalerie

In unserem Wohnzimmer hängen über zwanzig bemerkenswert alte Fotos; die ältesten stammen noch aus den allerersten Anfängen der Fotografie Mitte des 19. Jahrhunderts, das jüngste Ausstellungsstück ist das Hochzeitsbild meiner Eltern aus dem Jahre 1950. Immer wieder werde ich zu den alten Stücken befragt. Sowohl Gäste als auch die jüngere Generation meiner Verwandtschaft erkundigen sich neugierig nach den dargestellten Personen. Eines haben sie gemeinsam: Sie sind alle schon verstorben.

Meine Eltern als junge Erwachsene und als Brautpaar – ja, das kann sich jeder noch gut vorstellen. Moderne Farbfotos der beiden als Großeltern hängen nicht weit entfernt an der gegenüberliegenden Wand. Doch was darüber hinaus in die Vergangenheit geht, entzieht sich meiner direkten Erfahrung. Ich weiß allerdings vieles noch aus Erzählungen meiner Eltern und Großeltern.

Da sehe ich eine siebenköpfige Familie; der jüngste Sohn ist ungefähr vierzehn Jahre alt: Paul, mein Großvater. Ernst und hölzern sitzen sie in ihren Sonntagskleidern im Fotoatelier und blicken angespannt in die Kamera. Im Jahr 1906 ist es noch etwas ganz Besonderes, fotografiert zu werden.

Ein weiteres Bild zeigt eine andere Gruppe, ungefähr zur gleichen Zeit. Das kleine Mädchen mit den langen schwarzen Locken ist Martha, meine Großmutter. Auch dieses Foto wirkt sehr steif – und doch ging es bei dem dargestellten Anlass alles andere als verkrampft zu! Meine Großmutter erinnerte sich noch im hohen Alter an das lebhafte Nachbarschaftsfest, das ihr Vater – anscheinend ein stets fröhlicher Spaßvogel – mit Begeisterung organisiert hatte: Er hatte ein Zelt aufgebaut und sich als „Zigeunerbaron" verkleidet, es gab ein Lagerfeuer und sogar einen ausgestopften Dachs als Dekoration!

Völlig anders wirkt dagegen die säuerliche Miene meines Großvaters Ferdinand auf einem Familienbild, auf dem es von Kindern nur so wimmelt. Ferdinand war der Älteste von dreizehn Geschwistern, dennoch eher ein Einzelgänger, kein geselliger Mensch; für Kinder hat er Zeit seines Lebens nie viel übrig gehabt. Seine Eltern halten auf dem Foto ihre jüngsten Kinder auf dem Schoß. Wie alt und müde die Mutter aussieht, dabei ist sie erst Ende vierzig.

Das älteste Foto ist schon gut 150 Jahre alt und zeigt eine Witwe mit ihren acht Kindern: Emilie, meine Ururgroßmutter. Ein hübsches Mädchen von vielleicht zehn Jahren mit einem karierten Kleid und einer großen Schleife im Haar sitzt neben der Mutter und scheint mich mit erstaunten Augen direkt anzusehen. Doch ich weiß nicht einmal ihren Namen.

Alle diese Menschen haben über die Zeiten hinweg unmittelbar mit meinem Leben zu tun, doch die meisten von ihnen kenne ich nicht. Ernst oder fröhlich, voller Elan oder abgearbeitet, zufrieden oder verzweifelt – die vielfältigen Lebensgeschichten, Gedanken, Gefühle und Hoffnungen werde ich nie in Erfahrung bringen können. Ihre Gene haben die Vorfahren an mich weitergegeben, sogar meine Krankheit haben sie mir vererbt – doch sie selbst sind im Dunkel der Geschichte verschollen. Vier oder fünf Generationen Abstand reichen aus, um jede Verbindung zur eigenen Vergangenheit zu verlieren.

Wie anders sieht die Situation bei meinen geistlichen „Vorfahren" aus! Wie viele Personen, die ich aus der Bibel kenne, sind mir vertraut, stehen mir geistlich viel näher. Sie warnen mich, sie spornen mich an, sie leben mir vor, wie ein Leben mit dem Herrn aussehen kann. Zwar haben sie mir (vermutlich) keine DNA vererbt, aber ihr geistliches Erbe prägt mein Leben intensiver als jedes biologische Merkmal.

Zum Beispiel Maria aus Magdala: Mit ihr gemeinsam stehe ich fassungslos in der Grabkammer, mit ihr wende ich mich um und sehe den auferstandenen Herrn Jesus Christus! Über Ort und Zeit hinweg begreife ich durch ihre Augen die Realität der Auferstehung; ihre Liebe zu Jesus und ihre Hingabe an den Herrn sind ein Vorbild für mein tägliches Leben.

Zum Beispiel Timotheus: Er teilt mit mir die Briefe, die Paulus ihm schrieb. Er lebt mir vor, wie scheinbar trockene Anweisungen auf dem Papier auf einmal lebendig werden, wenn man sie in die Praxis umsetzt; und auf diese Weise geben sie auch meinem Alltag eine auf Gott hin orientierte Blickrichtung.

Wie dankbar bin ich meinem Herrn und Gott für diese geistliche „Ahnengalerie" und die klaren und lebendigen Bilder, die auch über Jahrtausende hinweg nicht verblassen!

# 2 Der Mann mit dem Messer

*L*autlos nähert sich der Mann mit dem Messer dem Mädchen, das bewegungsunfähig vor ihm liegt. Sein Gesicht hat er halb hinter einer Maske verborgen; nur die Augen blicken scheinbar emotionslos in die Runde. Ihr Leben liegt in seiner Hand, und er weiß es. Sie ist ihm ausgeliefert, völlig wehrlos. Nicht ein Fetzen Kleidung bedeckt mehr ihren bleichen Körper. Das scharfe Messer blitzt auf, als der Mann langsam die Hand hebt. Prüfend gleitet sein Blick über die nackte Haut. Dann geht alles sehr schnell. Plötzlich quillt Blut aus der tiefen Schnittwunde, doch das Mädchen schreit nicht, aufgefangen in gnädiger Bewusstlosigkeit.*

Schmerz ist etwas Grässliches. Jeder Mensch kennt diese Erfahrung, sie gehört einfach zum Alltag. Kaum jemand ist bereit, freiwillig Schmerzen zu ertragen. In unserer westlichen Kultur des 21. Jahrhunderts gibt es schließlich hoch wirksame Schmerzmedikamente.

Ich selbst bin in Bezug auf Schmerzen ein richtiger Angsthase. Vor Kurzem hatte ich wieder einmal Probleme mit meinem Blasenkatheter. Das Gewebe im Harnleiter war gereizt und leicht entzündet, nichts Gravierendes, aber lästig – und erstaunlich schmerzhaft. Verblüfft musste ich feststellen, wie schnell ich an meine Grenzen stieß. Das Sitzen im Rollstuhl wurde unangenehm, ich mochte nicht mehr reden und nicht mehr essen. Das Liegen im Bett war alles andere als entspannt, ich konnte nicht mehr schlafen. Die Schmerztablette half nicht und in meiner Fantasie weitete sich der Schmerz immer mehr aus. Doch schon bald gab es Entwarnung: Sobald die Ursache beseitigt war, war auch der Schmerz verschwunden!

Schmerz – körperlicher wie auch seelischer – hat in erster Linie eine Signal- und Warnfunktion: Achtung! Irgendetwas stimmt nicht, muss „repariert" werden. Der Schmerz ist immer auch eine Handlungsaufforderung. Es gibt Menschen ohne Schmerzempfinden, angeboren oder krankheitsbedingt, deren Gesundheit und sogar Leben durch die fehlende Wahrnehmung von Schmerz in ständiger Gefahr ist, denn Verletzungen oder Krankheiten werden nicht bemerkt und daher auch nicht behandelt.

Jeder Mensch hat eine individuelle Schmerzschwelle. Manche halten viel aus – körperlich oder auch seelisch –, manche stoßen schnell an ihre Grenzen. Ähnlich ist es, wenn unser Glaube auf dem Prüfstand steht: Krankheit, ein Unfall, Verzweiflung, Schuld können einen Menschen in schmerzhafter

Umklammerung halten. Der Schmerz ist so groß. Ich schreie zu Gott – doch hört er mich überhaupt?

Die Bibel verspricht: Ja, Gott reagiert. „Und Gott ist treu; er wird euch (...) in keine Prüfung geraten lassen, die eure Kraft übersteigt. Wenn er euren Glauben auf die Probe stellt, wird er euch auch einen Weg zeigen, auf dem ihr die Probe bestehen könnt" (1. Korinther 10,13; NGÜ).

Der Schmerz zwingt zuerst mich zum Handeln. Durch den Schmerz werfe ich mich als Christ intensiv auf Gott. Das kann sehr unterschiedlich aussehen: von der verzweifelten Anklage gegen Gott (wie beispielsweise in Psalm 22,2–3) bis hin zum vertrauensvollen Annehmen des Schmerzes (wie zum Beispiel in Psalm 27). Doch wie auch immer – durch den Schmerz suche ich die Nähe Gottes. Und dann handelt ER. Viele Menschen haben es schon erlebt, dass der Schmerz in Wahrheit der erste Schritt zur Heilung war: „Siehe, zum Heil wurde mir bitteres Leid" (Jesaja 38,17a).

*Das scharfe Messer blitzt auf, als der Mann langsam die Hand hebt. Prüfend gleitet sein Blick über die nackte Haut. Dann geht alles sehr schnell. Plötzlich quillt Blut aus der tiefen Schnittwunde, doch das Mädchen schreit nicht, aufgefangen in gnädiger Bewusstlosigkeit. „Tupfer", murmelt der Chirurg der OP-Schwester zu. „Das ist gerade*

*noch einmal gut gegangen. Magendurchbruch. Eine halbe*
*Stunde später hätte ich nichts mehr für sie tun können."*

Gott handelt wie ein umsichtiger Chirurg. Was uns manchmal auf den ersten Blick unnötig und grausam erscheint, hilft uns in Wirklichkeit, heil zu werden und die Geborgenheit Gottes als Realität des Lebens zu erfassen.

Eines Tages wird der Schmerz unnötig sein, weil keine Gefahr mehr droht. In der unmittelbaren Nähe Gottes kann uns nichts und niemand mehr schaden. Das Wort Gottes sagt: „Und er wird jede Träne von ihren Augen abwischen, und der Tod wird nicht mehr sein, noch Trauer, noch Geschrei, noch Schmerz wird mehr sein; denn das Erste ist vergangen" (Offenbarung 21,4).

# 3 Still und heimlich

Das hat mir gerade noch gefehlt! Ist die Lähmung nicht schon genug?!

Bei einer routinemäßigen Blutkontrolle entdeckte meine Ärztin bei mir erhöhte Blutzuckerwerte. Ich war völlig überrascht – ich hatte vorher an meinem Körper keinerlei Hinweis darauf feststellen können. (Bei genauerem Überlegen fiel mir jedoch ein: Auch mein Vater und meine Großmutter hatten Diabetes – erbliche Veranlagung.) Die Werte waren eindeutig zu hoch. Man muss etwas dagegen tun, sonst drohen ernste Folgeschäden, zum Beispiel Erblindung.

Ich bekam ein Medikament und die Anweisung, regelmäßig die Blutwerte kontrollieren zu lassen. Regelmäßig – das bedeutet: jeden Morgen vor dem Frühstück ein kleiner unangenehmer Pieks in den Finger zur Blutabnahme, anschließend eine Tablette. Aber damit war für mich anfangs das Kapitel „Diabetes" auch schon erledigt.

Eine ganze Weile ging das gut; die Blutzuckerwerte waren sogar durch das Medikament so stabil, dass ich nur noch dreimal in der Woche gepiekst werden musste. Ich nahm brav meine Tablette und vergaß meine „neue" Krankheit anschließend gleich wieder – schließlich spürt man in aller Regel nichts davon. Doch nach einiger Zeit verschlechterten sich die Werte. Die Dosis wurde erhöht, die Messungen mussten wieder täglich erfolgen. Die Werte waren zwar durchschnittlich immer noch etwas höher als zuvor, doch meine Hausärztin war auch mit diesem höheren Niveau noch ganz zufrieden.

Dieses Muster wiederholte sich nun über einen längeren Zeitraum: Wenn die Blutzuckerwerte wieder weiter anstiegen, wurde die Medikamentendosis erhöht und ein wieder leicht angestiegener Durchschnittswert akzeptiert.

Nach mehr als zwei Jahren Diabeteserfahrung allerdings schien die Sache völlig außer Kontrolle zu geraten. Die Medikamente schlugen nicht mehr an, die Werte stiegen weiter. Hier muss nun ein Spezialist ans Werk! Man stellte fest, dass ich mit der Zeit eine seltene Insulinresistenz entwickelt hatte und daher nun ganz spezielle Medikamente benötigte. Die Konsequenz für mich: vor jedem Essen eine Blutabnahme am Finger und anschließend eine Insulinspritze, vor dem Schlafengehen noch eine weitere Injektion. Entsetzt rechnete ich nach: Das bedeutete ja sieben Einstiche pro Tag! Ich stellte mir vor, wie mein Körper mit der Zeit völlig perforiert sein müsste ... Und das alles wegen eines Phänomens, das ich noch nicht einmal direkt spüre – das sich „nur" an Messwerten erkennen lässt!

Welch eine verblüffende Ähnlichkeit zur Sünde in meinem Leben! Von Anfang bis Ende hält Gott mir mit dieser „Allerweltserkrankung" den Spiegel meines geistlichen Lebens vor. Einige Beispiele:

» Die Sünde kommt oft unbemerkt und fängt harmlos an. Kein Mensch ist davor sicher, denn seit Adam und Eva hat jeder die gleiche sündige Veranlagung.

» Selbst wenn ich zunächst nichts davon spüre: „Unbehandelte" Sünde hat immer schreckliche Folgen: die ewige Trennung von Gott.

» Wenn man Christ wird und mit dem Wort Gottes konfrontiert wird, springt die Sünde als Kontrast zum Willen Gottes sofort ins Auge.

» Meine Sünde muss unter Kontrolle gebracht werden: ich will mein Leben täglich am Maßstab Gottes messen – auch wenn das durchaus manchmal unangenehm „pieksen" kann!

» Wenn ich meine eigene Sünde einfach akzeptiere, dann verschwindet sie mit Sicherheit nicht von selbst; im Gegenteil: Mein Gewissen wird womöglich resistent gegen meine Lieblingssünde.

» Der einzige „Sünden-Spezialist", der mir nachhaltig helfen kann, ist Jesus Christus. Wenn ich seinen Therapievorschlag annehme, bedeutet das für mich einerseits: Mein Sündenproblem ist durch sein Opfer am Kreuz komplett gelöst, ich bin „geheilt". Aber andererseits brauche ich täglich intensive Prophylaxe, damit nicht die Sünde „durchs Hintertürchen" wieder unbemerkt in mein Leben eindringt und sich dort breitmacht. Gott macht mich immer wieder durch ein warnendes „Pieksen" darauf aufmerksam, wenn die Sünde sich einschleichen will: manchmal durch einen Bibelvers, den ich lese, manchmal durch eine Predigt oder durch eine Liedstrophe.

Wie dankbar bin ich meinem Herrn und Gott für seine Sündenkontrolle!
Lassen Sie sich auch täglich von ihm „pieksen"?

# 4 Ein Piercing für Gott

Ich war sechzehn Jahre alt, als meine Großmutter starb. Als einziges Mädchen der Familie erbte ich ihre Granat-Halskette mit den passenden Ohrringen. Diese blutroten Schmucksteine hatte ich schon als Kind sehr gern gemocht, nun wollte ich sie als Andenken an meine Großmutter zu besonderen Gelegenheiten tragen. Doch dazu musste ich mir zuerst Ohrlöcher stechen lassen. In den Siebzigerjahren war das Piercen, das Durchstechen von

Ohrläppchen oder Nasenflügeln, noch nicht „in", und es kostete mich einige Überwindung, mir vom Juwelier ein Loch in jedes Ohrläppchen stechen zu lassen. Doch was blieb mir anderes übrig – ich wollte die Erbstücke schließlich unbedingt in der Öffentlichkeit zeigen!

Viele Jahre später stolperte ich in meiner Bibel über eine unscheinbare Stelle im Alten Testament. Im zweiten Buch Mose (2. Mose 21,2–6), nur ein Kapitel nach den Zehn Geboten und als erste von vielen einzelnen Anweisungen, wird ein ganz besonderes „Piercing" beschrieben. In diesem Abschnitt geht es um die Rechte israelitischer Sklaven. (Mit dem Leben als Sklaven kannten sich die Israeliten eigentlich bestens aus, waren sie doch gerade als ganzes Volk von Gott aus der Sklaverei in Ägypten befreit worden.) Grundsätzlich sollten israelitische Sklaven nach dem neuen Gesetz Gottes nach sechs Jahren Sklavendienst im siebten Jahr freigelassen werden. Dann gibt es allerdings diese auf den ersten Blick seltsam anmutende Ausnahmeregelung:

„Doch wenn er an seinem Herrn hängt, wenn er (...) darum nicht frei sein will, soll sein Herr (...) den Sklaven an den Türpfosten stellen und einen Pfriem durch sein Ohrläppchen ins Holz bohren. Nun muss der Sklave auf Lebenszeit bei seinem Herrn bleiben" (Übersetzung „Hoffnung für Alle").

Der Sklave kann sich frei entscheiden: Er kann die Freiheit wählen und sich völlig unabhängig von seinem bisherigen Herrn ein neues Leben aufbauen. Er kann aber auch als „freiwilliger Sklave" auf Dauer bei seinem Herrn bleiben; wenn er sich einmal dafür entschieden hat, ist er für immer an seine eigene freiwillige Entscheidung gebunden. *Was für eine merkwürdige Wahlmöglichkeit,* denkt man auf den ersten Blick im freiheitsverwöhnten Westeuropa des 21. Jahrhunderts. Gibt es denn überhaupt eine ernsthafte Alternative zur Freiheit?! Man muss schon genauer hinsehen, um die Wahlmöglichkeit wirklich zu begreifen. „Wenn er an seinem Herrn hängt, wenn er darum nicht frei sein will", heißt es im Bibeltext, und hier liegt der Schlüssel. Ein Sklave, der freiwillig bei seinem Herrn bleiben will, hat offenbar gute Erfahrungen gemacht. Die Arbeit des Sklaven wurde anerkannt und wertgeschätzt. Er hat erlebt, dass sein Herr es gut mit ihm meint. Er hat erfahren, dass er sich auf seinen Herrn verlassen kann. Sein Herr gewährt ihm Schutz, er versorgt ihn mit allem, was er braucht. Bei einem solchen Herrn hat man es als Sklave gut! Man muss sich nicht selbst abmühen und abstrampeln, um sein Leben in geregelten Bahnen zu halten – der Herr sorgt für alles. Das kostet den Sklaven nur den kurzen Schmerz eines durchbohrten Ohrläppchens.

Die Übertragung auf mein eigenes Leben drängt sich förmlich auf. Wie viele gute Erfahrungen habe ich mit meinem Herrn und Gott schon gemacht? Wie oft habe ich seine Liebe schon erlebt? Wie oft schon hat er mir Geborgenheit in schwierigen Situationen geschenkt? Ja, ich hänge auch an meinem Herrn und lege nicht den geringsten Wert darauf, „frei" zu sein und ohne ihn leben zu müssen. Deshalb habe ich auch ganz bewusst bei meiner Bekehrung ein inneres „Piercing für Gott" gewählt! Und mich kostet es nicht einmal einen kurzen Schmerz – meine Schmerzen hat Jesus am Kreuz getragen, damit ich aus purer Gnade sein Kind sein kann.

Mittlerweile kann ich schon lange keine Ohrringe mehr tragen, denn die Haltebänder meiner Atemmaske laufen genau über die Ohrläppchen. Doch meine Verbundenheit mit Gott zeigt sich ohnehin nicht in Äußerlichkeiten. Dafür ist mein „inneres Piercing" sehr viel stärker! Mein Herr und Gott hat seinen Stempel in meine Seele gedrückt, ich bin sein Eigentum. Welch ein Privileg!

Rainer Lemke hat diese Gedanken in einem Lied aufgegriffen: „Nimm dir doch, Herr, mein Ohr, das dein Wort schon vernommen. An dem Tor deines Tempels durchstoße es gut ... Denn ich habe dich lieb – wie könnte ich dich verlassen, könnte ich jemals frei gehen, ohne dein Knecht zu sein?!"

# 5 Entenrennen

Waren Sie schon einmal bei einem Entenrennen? Tausende von kleinen gelben Quietsche-Entchen, jeweils mit einer Startnummer versehen, werden auf einem Fluss oder See zu Wasser gelassen. Die Zuschauer können gegen eine gewisse Gebühr eine oder mehrere der Rennenten, erkennbar an der aufgemalten Zahl, erwerben. Wind oder Strömung treibt die stumme Entenschar zum vorgegebenen Ziel. Welche Plastikente erreicht als Erste das Ziel? Die stolzen Besitzer, deren Schützlinge im Rennen siegen, freuen sich über einen mehr oder weniger üppigen Gewinn. Bei einem solchen Entenrennen geht es zu wie auf einem Volksfest und der Erlös der Veranstaltung kommt in der Regel einem wohltätigen Zweck zugute.

„Alle meine Entchen schwimmen auf dem See ..." – Kurz nach dem Start bewegt sich das gesamte Feld der Wettbewerbsenten in die falsche Richtung! Die Veranstalter sind entsetzt. Sorgfältig hat man im Vorfeld die Windverhältnisse geprüft und das Ziel des Entenrennens entsprechend festgelegt. Doch plötzlich hat der Wind gedreht und die Enten driften davon. Es bleibt nicht viel Zeit! In aller Eile schickt der Manager hektisch einige Mitarbeiter los. Sie müssen das in Ufernähe im Wasser markierte Ziel schleunigst demontieren und an anderer Stelle wieder aufbauen – nämlich genau dort, wohin die gelbe Entenschar nun getrieben wird. Zum Glück ist der See groß genug, und so ist die Zielmarkierung tatsächlich fertig, als die Gummitiere ankommen. Angefeuert von den Entenbesitzern, schwimmen die Quietsche-Entchen ins Ziel ...

So beliebig und veränderbar wie der Zielpunkt eines Entenrennens ist für Menschen ohne Gott heutzutage die Frage nach dem Ziel ihres Lebens. Die Sehnsucht nach Glück ist allgegenwärtig. Ein harmonisches Familienleben, Gesundheit, keine Geldsorgen – das ist Ziel genug. Und wenn die Ehe zerbricht, eine schwere Krankheit das Leben zerreißt, Arbeitslosigkeit dem Leben die materielle Grundlage entzieht ... wo ist dann das Ziel? Die Relativität und Ziellosigkeit ihres Lebens lässt die Menschen kraftlos dahintreiben wie die Plastikenten beim Entenrennen.

Wo gibt es Hilfe?

„Der Weg ist das Ziel." – Dieses Zitat wird dem chinesischen Philosophen Konfuzius (5. Jahrhundert v. Chr.) zugeschrieben – wie auch immer er es gemeint haben mag. Heutzutage scheint es häufig als Motivation oder Entschuldigung zu dienen, wenn man ohne Orientierung und ziellos durchs

Leben stolpert. Aber stimmt das wirklich? Ist es tatsächlich egal, wohin man geht, wenn man nur weiterhin unterwegs ist?

Wenn man eine persönliche Beziehung zu Jesus Christus hat, dann führt der Lebensweg auf ein klar definiertes Ziel hin. Jesus bestätigt: *„Ich bin der Weg"* (Johannes 14,6). Wer Jesus kennt, muss sich nicht passiv treiben lassen.

Und das Ziel? – „Niemand kommt zum Vater als nur durch mich." Das ist das Ziel: der allmächtige Schöpfer, der himmlische Vater, der ewige Gott. Anders als beim Entenrennen ist dieses Ziel weder beliebig noch veränderbar.

Als ich vor zehn Jahren aus heiterem Himmel die fürchterliche Diagnose ALS bekam, wurde ich einmal gefragt, ob ich nun, angesichts des zu erwartenden körperlichen Verfalls, noch irgendetwas Besonderes machen wolle – vielleicht eine große Reise, eine neue Orientierung meines Lebens, andere Prioritäten ...? Ich brauchte gar nicht erst darüber nachzudenken. Seit meiner Bekehrung, schon lange vor meiner Krankheit, stand mir das Ziel meines Lebens klar vor Augen: Ich will den Lebensweg mit meinem Herrn gehen und das Ziel meines Lebens mit ihm erreichen. Krankheit oder Gesundheit, ein kurzes oder ein langes Leben sind dabei zweitrangig. Eine solche konsequente

Zielorientiertheit wirkt heute in den Augen vieler Zeitgenossen befremdlich, doch für mich ist sie eine tägliche Kraftquelle.

Petrus kannte seinen Herrn Jesus Christus, den Weg – und er freute sich schon auf die herrliche göttliche Ewigkeit, das Ziel seines Lebens. Die Freude darüber teilte er gern mit anderen Christen: „Bisher habt ihr Jesus nicht mit eigenen Augen gesehen, und trotzdem liebt ihr ihn; ihr vertraut ihm, auch wenn ihr ihn vorläufig noch nicht sehen könnt. Daher erfüllt euch schon jetzt eine überwältigende, jubelnde Freude, eine Freude, die die künftige Herrlichkeit widerspiegelt; denn ihr wisst, dass ihr das Ziel eures Glaubens erreichen werdet – eure endgültige Rettung" (1. Petrus 1, 8–9; NGÜ).

Steht für Sie das Ziel schon fest?

## 6 Je älter die Fotos ...

Ich hatte mich mit meinen beiden Brüdern verabredet, um alte Fotos anzuschauen. Vor langer, langer Zeit, einige Monate vor meinem vierten

Geburtstag, hatten sich unsere Eltern einen Foto-
apparat zusammengespart, mit dem sie in den folgenden Jahren hauptsächlich Dias aufnahmen. Als
ich vor einer Weile auf dem Flohmarkt einen alten
Diaprojektor entdeckte, schlug ich sofort zu – eine
wunderbare Gelegenheit, die alten Bilder noch einmal „an die Wand zu werfen"!

Unsere Fotosafari startete im Sommer 1963 –
unvorstellbar lange her ... Je älter die Fotos,
desto jünger die abgebildeten Personen ...! Dieses kleine Mädchen im gelben Sonntagskleid,
das so kritisch in die Kamera schaut – bin ich
das etwa?! Und die beiden „großen" Lausbu-
ben, elf und acht Jahre alt, die auf einer aus-
rangierten Lokomotive auf dem Spielplatz he-
rumklettern, das müssen wohl meine Brüder
sein! Ja, und ist da nicht noch Hans-Werner?
Und da hinten, das ist Edith mit ihrem Dackel –
wie hieß er noch gleich? „Weißt du noch, wie er dich
vor lauter Schreck einmal in die Hand gebissen hat?" –
„Oh ja, die Narbe ist tatsächlich immer noch zu sehen!"

Meine Brüder und ich können kaum genug krie-
gen von den alten Fotos. Langsam arbeiten wir uns
vor: In den Siebzigerjahren streife ich langsam das
Kindliche ab, meine älteren Brüder kommen sich
schon fast erwachsen vor – das ist auf manchen
Bildern überdeutlich zu sehen! Die Dias von Famili-

enfesten begeistern uns ganz besonders: Nicht nur wir selbst, sondern auch unsere Eltern, Onkel und Tanten, Opas und Omas, Cousins und Cousinen, Nachbarn, Freunde, Spielkameraden – sie alle sind nicht immer auf den ersten Blick zu erkennen. Mit Staunen und viel Gelächter „wandern" wir durch die Jahre. Bald haben wir alle Dias angeschaut; nun stürzen wir uns auf die alten Fotoalben, die unser Vater nach seiner Pensionierung liebevoll zusammengestellt und beschriftet hat. In einem der Alben stoßen wir auf eine Seite, die er – halb ernst, halb im Spaß – mit einer gewichtigen Überschrift ausgestattet hat: „So reift ein Mensch!" Lauter Passfotos sind hier zusammengestellt: von meinem ersten Kinderausweis im Grundschulalter bis hin zu dem Foto auf meinem Studentenausweis – eine ganze Seite Irmgard.

Ist es nicht faszinierend zu sehen, wie sich jeder Mensch im Lauf der Zeit entwickelt und verändert? Babyfotos, der erste Schultag, mit Freundinnen im Teenageralter, Hochzeitsfotos, Urlaubsbilder mit den eigenen Kindern … Oft würde man sich fast selbst nicht erkennen, wüsste man nicht genau, das man damals tatsächlich so ausgesehen hat! Ganz zu schweigen von den Gedanken, die man damals gedacht hat; wenn ich in meinen alten Tagebüchern nachlese, bin ich mir häufig selbst sehr fremd. Ob mein damaliges Ich und mein heutiges Ich wohl etwas miteinander anfangen könnten? Ob wir uns überhaupt sympathisch wären?

Die allermeisten Menschen verändern sich ständig – sowohl äußerlich als auch in ihrem Denken – und trotz der vielen Entwicklungsschritte sind wir alles andere als vollkommen. Gott ist da grundlegend anders: Gott bleibt derselbe – gestern, heute und in Ewigkeit. Sein Name ist Beständigkeit: „Ich bin, der ich bin."

Der Urtext des Alten Testaments wurde in der hebräischen Sprache niedergeschrieben, die ganz andere grammatische Strukturen als europäische Sprachen hat, und die Aussage Gottes in 2. Mose 3,14 kann daher auch mit verschiedenen Zeitformen übersetzt werden, zum Beispiel: „Ich werde sein, der ich sein werde." In Offenbarung 1,8 wird das noch einmal bekräftigt: „Ich bin das Alpha und das Omega, spricht der Herr, Gott, der ist und der war und der kommt." Derselbe Gott, der mir jetzt Kraft gibt, Krankheit zu tragen, hat mir auch beigestanden bei der Erziehung meiner Kinder, er hat mein Wachsen und Lernen begleitet, er kannte mich bereits vor meiner Geburt im Mutterleib. Und dieser selbe Gott war auch der Gott meines Vaters und der meiner Vorfahren über Hunderte und Tausende von Generationen ... Was für ein wunderbarer, großartiger und anbetungswürdiger Gott – allmächtig und in Ewigkeit derselbe! Wenn ich mich von Jahr zu Jahr, von Jahrzehnt zu Jahrzehnt entwickele und verändere, dann hoffe ich dabei immer auf eine Verbesserung meiner selbst. Gott jedoch ist von Ewigkeit zu Ewigkeit vollkommen und unveränderlich.

„Denn gut ist der HERR. Seine Gnade ist ewig und seine Treue von Generation zu Generation" (Psalm 100,5).

# 7 Im Gänsemarsch

Mühsam musste ich mir mit meinem unhandlichen Elektrorollstuhl einen Weg durch die Menschenmassen bahnen. Die schmalen Straßen und Gassen der holländischen Kleinstadt waren dem Andrang kaum gewachsen. Das sommerliche Straßenfest hatte unzählige Einheimische und Touristen angezogen, die in ausgelassener Atmosphäre die zahlreichen Verkaufsstände, das bunte Programm und eine riesige Palette unterschied-

licher Spezialitäten genossen. Eine Gruppe Samba-
tänzer zog durch die Straßen, aus einer Nebengas-
se kam eine Musikgruppe – die Menschen bildeten
jeweils eine Gasse, die sich hinter der Gruppe rasch
wieder schloss.

Gerade bewunderte ich den geschmackvol-
len Stand eines Kunsthandwerkers, da bemerkte
ich aufs Neue näher kommende Musik. Die Leute
drängten sich zusammen; ich landete in der zweiten Reihe und sah hauptsächlich Rücken vor mir.
Über die Köpfe der Menschen hinweg ragte ein
tanzender Schellenbaum und kurz erhaschte ich
einen Blick auf eine uniformierte Gestalt mit roter
Pappnase. Einige Meter dahinter marschierte ein
zweiter Uniformträger, der rhythmisch auf seine
umgehängte Trommel schlug. Mit der Musik kam
Bewegung in die Menge; die Leute freuten sich und
klatschten in die Hände.

Als vor mir eine Lücke entstand, konnte ich mit-
lachen: Zwischen den beiden musikalischen Män-
nern watschelten völlig ungerührt zwölf ausge-
wachsene Gänse im sprichwörtlichen Gänsemarsch
hintereinander her! Der Anführer pfiff ab und zu
auf seiner Trillerpfeife und die Gänse waren offenbar vollkommen unbeeindruckt von dem lärmen-
den Getümmel um sie herum – nichts und niemand
konnte sie aus der Ruhe bringen. Die Gänseschar

folgte ihrem Anführer, als ob sie allein auf einer friedlichen, ruhigen Wiese wäre.

Was für ein Bild!

Einige Zeit später sahen wir die Gänse noch immer kreuz und quer durch die Stadt ziehen, weiterhin ohne die geringste Ablenkung, nur auf ihren Meister konzentriert.

Die Aktion war als großer Spaß gedacht, doch das Bild der zwölf Gänse verfolgte mich lange. Das zugrunde liegende Phänomen ist in erster Linie bekannt geworden durch die eindrucksvollen Experimente des berühmten Tierforschers Konrad Lorenz, der dafür 1973 den Nobelpreis erhielt. Lorenz stellte fest, dass frisch geschlüpfte Gänseküken dem ersten Objekt folgen, das sich bewegt und Geräusche von sich gibt. Im Normalfall ist das die Gänsemutter; aber es ist auch problemlos möglich, die jungen Gänse auf einen Menschen zu „prägen". Eine solche „Nachfolgeprägung" ist nicht umkehrbar. Auch die erwachsene Gans folgt der prägenden Person bedingungslos – ganz so, wie ich es bei dem holländischen Volksfest beobachten konnte.

So möchte ich auch sein. Ich will meinem Herrn bedingungslos folgen, unberührt und unbeeindruckt vom Lärm der Welt um mich herum. Wie schön wäre es, wenn alle Ablenkungsmanöver des

Widersachers an mir abperlen könnten wie Wasser an den Gänsefedern. Wenn ich mich doch auch ausschließlich auf meinen Meister Jesus Christus konzentrieren könnte!

Bei meiner Bekehrung hat mir Jesus Christus den Wunsch ins Herz geprägt, ihm immer und überall vertrauensvoll zu folgen – wie die Umstände meines Lebens auch seien. Da kann ich mir an den Gänsen wirklich ein Beispiel nehmen! Die Bibel benutzt ein anderes Tier als Beispiel, um meine Beziehung zu meinem Herrn zu illustrieren: das Schaf.

Heutzutage ist es nicht besonders schmeichelhaft, mit einer Gans oder einem Schaf verglichen zu werden. Doch angesichts der Worte meines Herrn Jesus Christus lasse ich mich sogar ausgesprochen gern als Schaf bezeichnen: „Meine Schafe hören meine Stimme, und ich kenne sie, und sie folgen mir; und ich gebe ihnen ewiges Leben, und sie gehen nicht verloren in Ewigkeit, und niemand wird sie aus meiner Hand rauben" (Johannes 10,27–28).

Ob Gans oder Schaf – die Hauptsache ist: Ich weiß, zu wem ich gehöre, in jeder Lebenslage!

# 8 Geschenkt!

Die Firma, bei der mein Mann schon geraume Zeit beschäftigt war, feierte vor einigen Jahren ihr 150-jähriges Bestehen. Im Lauf der Zeit war aus einem bescheidenen Familienbetrieb ein Weltkonzern geworden. Zum Jubiläum hatte sich die Firmenleitung etwas ganz Besonderes für die Mitarbeiter ausgedacht:

Eines Tages flatterte uns ein Brief ins Haus. Darin wurde angekündigt, dass jeder Mitarbeiter der Firma anlässlich des besonderen Jahrestages Anspruch auf einige Aktien des Unternehmens habe, und zwar völlig kostenlos. Belegschaftsaktien zu besonders günstigen Konditionen hatte es auch vorher schon gegeben, doch die Jubiläumsaktien gab es tatsächlich gratis – ein großzügiges Geschenk! Es gab dabei nur eine einzige Bedingung: Jeder, der dieses Geschenk in Anspruch nehmen und die Aktien kostenlos erhalten wollte, musste die beiliegende schriftliche Bestätigung eigenhändig unterschreiben und bis zu einem festgesetzten Termin an die Firma zurückschicken. Wer das – aus welchem Grund auch immer – nicht wollte oder den Termin verpasste, konnte das Geschenk im Nachhinein nicht mehr bekommen; Ausnahmeregelungen waren nicht vorgesehen.

Ich nehme an, dass die allermeisten Mitarbeiter gern und zügig reagiert haben und somit in den Genuss einer zukunftsträchtigen Investition gekommen sind, denn der Wert der Aktien stieg nach der großen Jubiläumsaktion noch weiter an. Ob diese Menschen allerdings auch so freudig und vorausschauend in ihre geistliche Zukunft investiert haben?

Wenn es bei uns Winter wird und auf dem Kalender das Wort „Dezember" erscheint, bereitet sich nahezu jeder in irgendeiner Weise auf das kommende Weihnachtsfest vor. Allüberall gibt es Weihnachtsfeiern, Weihnachtsbäume, Weihnachtssterne, Weihnachtskerzen, Weihnachtsengel, Weihnachtslieder, Weihnachtsmänner ... Manchmal findet man bei all diesem Getümmel sogar noch eine sogenannte Weihnachtskrippe – ein tapferer Versuch, den eigentlichen Grund des Weihnachtsfestes nicht völlig aus den Augen zu verlieren. Die Darstellung zeigt dann in der Regel eine Frau, einen Mann, einen Säugling.

Aber wer von unseren Zeitgenossen hat dabei noch im Kopf, dass dieser unscheinbare Säugling der Sohn Gottes war, der sich dreiunddreißig Jahre später für die Sünde der Welt – auch für meine

Sünden – grausam ermorden ließ? Wer sieht Weihnachten noch im direkten Zusammenhang mit Ostern? Wer von unseren Mitmenschen ahnt, dass jeder Mensch unweigerlich einmal mit diesem Herrn Jesus Christus konfrontiert werden wird, dessen irdische Geburt man zu Weihnachten feiert? Bei dieser zukünftigen Begegnung ist er allerdings kein hilfloses Baby. Ganz im Gegenteil! Er ist der allmächtige Gottessohn, der „Herr der Herren", dessen Souveränität und Herrschaftsanspruch letztlich jeder Mensch anerkennen muss. Wer Jesus Christus hier auf der Erde schon kennt, wer ihn liebt und ihm vertraut, der kann dieser Begegnung mit Freude entgegensehen, denn er hat kein Gericht zu befürchten. Wer Jesus Christus allerdings ablehnt, wird die Konsequenzen daraus tragen müssen: eine ewige Existenz in der Gottesferne.

Wie unfassbar großzügig ist doch dieses Geschenk, das der allmächtige Gott seinen geliebten Geschöpfen anbietet: „Glaube an den Herrn Jesus, und du wirst errettet werden!" (Apostelgeschichte 16,31).

Ist es wirklich so einfach?! Muss ich nichts dazutun?! Kann ich es mir einfach schenken lassen?!

Ja, es ist wirklich so einfach. Die einzige Bedingung lautet: Glaube, vertraue! Doch ähnlich wie bei dem Aktiengeschenk zum Firmenjubiläum muss man auch die Errettung und das Geschenk des ewigen Lebens bewusst und ausdrücklich akzeptieren – nicht mit einer Unterschrift auf einem Formular, aber mit einer Willensentscheidung, die aus ganzem Herzen die Gnade Gottes persönlich annimmt. Und auch bei Gott und seinem großzügigen Geschenk gibt es eine Frist: Wer das Angebot nicht während seines Lebens auf der Erde angenommen hat, hat danach keine Möglichkeit mehr, das Versäumte nachzuholen.

Haben Sie das Geschenk des ewigen Lebens schon angenommen und ausgepackt?

## 9 Höhenflug und Bruchlandung

Vor einigen Jahren war ich zu Ostern verreist, und am Ostermontag lockte uns ein strahlend blauer Himmel hinauf auf den Kandel im Schwarzwald.

Ich komme aus dem Flachland, Berge üben deshalb von jeher eine große Faszination auf mich aus. Mit dem Auto fuhren wir hinauf, immer höher. In Gipfelnähe, in über 1000 Metern Höhe, stiegen wir aus. Wie kalt es hier oben noch war! Völlig begeistert rollte ich mit meinem Elektrorollstuhl über verharschte Schneereste und genoss die überwältigende Aussicht.

Wir kamen an eine steil abfallende Wiese, auf der einige Menschen mit seltsamen sperrigen Ausrüstungsgegenständen ungeduldig auf etwas zu warten schienen. Ein Zuschauer klärte uns auf: „Das sind Drachenflieger, die noch auf günstige Thermik warten ..." Diese Sache fand ich spannend. Kurze Zeit später kam Bewegung in die Leute. Einer rannte los, die Wiese hinunter – und hob plötzlich ab! Er schwebte mit seinem Gleitschirm einfach davon ...

Einige Zeit später suchte ich mit den Augen den Himmel ab. Verblüfft stellte ich fest, dass die Drachenflieger schon erheblich an Höhe gewonnen hatten und nur noch als kleine Pünktchen weit über uns schwebten. Überwältigt bewunderte ich die scheinbar grenzenlose Freiheit, schwerelos, gelöst von dieser Erde – getragen von genialen Naturgesetzen aus der Werkstatt des allmächtigen Schöpfers. Welch ein unfassbarer, großer Gott, der die größten Zusammenhänge des Universums und die winzigsten Kleinigkeiten meines unbedeutenden Lebens in seiner Hand hält! Euphorisch begab ich mich auf einen geistlichen Höhenflug voller Lob und Dank für meinen wunderbaren Herrn.

Doch auf jeden Höhenflug folgt der Abstieg ins Tal, auch emotional – und oft genug gibt es da unvorhergesehene Schwierigkeiten. Bei mir war es ein plötzlich schmerzhaft verstopfter Blasenkatheter, der mir noch am selben Abend den Besuch des Notarztes bescherte. Zu allem Überfluss war der „Medizinmann" auch nicht gerade ein Spezialist im Wechseln von Blasenkathetern ... Ich legte mal wieder eine komplette seelische Bruchlandung hin. Auf einmal war die Größe meines Gottes vergessen, ich wollte nur noch klagen und nörgeln. Hätte Gott nicht eingreifen können? Habe ich nicht schon Probleme genug? Vielleicht kümmert er sich doch nur um seine großen Naturgesetze und nicht um mich mit meinen Kleinigkeiten?!?

Geistliche Höhenflüge – seelische Bruchlandung: Das Phänomen ist auch der Bibel nicht unbekannt. Nehmen wir zum Beispiel Petrus: Er legt ein bewegendes Bekenntnis ab (Markus 8,29), er wird zum mutigen Wasserläufer (Matthäus 14,29), er hält eine aufrüttelnde Pfingstpredigt (Apostelgeschichte 2+3) – alles das kann er durch den Geist Gottes. Andererseits aber zeigt er Feigheit (Johannes 18,27), verliert das Vertrauen (Matthäus 14,31) und als Missionar in Antiochia blamiert er sich durch sein Fehlverhalten und provoziert einen Streit (Galater 2). Ohne den Geist Gottes ist auch der große Apostel nichts als ein schwacher Mensch. Noch viele weitere Beispiele machen es jedem Bibelleser deutlich: Selbst bedeutende Persönlichkeiten wie Hiob oder Abraham neigen zur seelischen Bruchlandung. Leider gehört diese Erfahrung offensichtlich zum Leben dazu. Jeder erlebt beides immer wieder – es sei denn, Sie sind die Ausnahme ...

Eine geraume Weile nach meiner Rückkehr aus dem Osterurlaub sitze ich im Garten und denke über meine Höhenflüge und meine Bruchlandungen nach. Ein monotones Brummen über mir veranlasst mich dazu, in den Himmel zu schauen – es hört sich an wie ein fliegender Rasenmäher. Ich entdecke ein erstaunliches kleines Fluggerät mit Motor – fast wie ein Drachenflieger, doch mit zusätzlichem Antrieb. Das bringt mich auf eine Idee, wie ich die seelische Bruchlandung nach einem geistlichen Höhenflug vielleicht umgehen kann: Ich brauche einen Hilfsmotor! Ich finde ihn als Verheißung in der Bibel (1. Chronik 28,20): „Sei stark und mutig, und handle; fürchte dich nicht und sei nicht niedergeschlagen! Denn Gott, der HERR, mein Gott, wird mit dir sein. Er wird dich nicht aufgeben und dich nicht verlassen." Also: Mit IHM auf zum nächsten Höhenflug!

# 10 Ungebetener Besuch

Ganz unvermittelt wachte ich auf. Im Zimmer war es noch stockdunkel, ein kalter Lufthauch wehte durch das geöffnete Fenster. Ich spürte, wie irgendetwas langsam über meine rechte Schulter krabbelte. Am liebsten wäre ich sofort aufgesprungen und hätte versucht, den ungebetenen Besuch so schnell wie möglich zu entfernen. Doch mein Körper gehorcht mir leider auch in Ausnahmesituationen nicht ...

Bewegungsunfähig und voller Panik nahm ich wahr, wie das Krabbeltier Kurs über das Schlüsselbein und quer über den Hals nahm. Ich rief nach meinem Mann; mit Atemmaske und im Liegen ist das allerdings nicht so einfach. Nur langsam tauchte er aus dem Tiefschlaf auf.

„Da – ein Tier, an meinem linken Oberarm", stammelte ich ängstlich.

Mein Mann weiß, dass mich Spinnen leicht aus der Fassung bringen, wenn sie mir zu nahe kommen. Doch zuerst musste er das Licht anmachen und seine Gedanken sortieren. „Was ist los? Was für ein Tier?"

„Hilfe!", jammerte ich. „Es krabbelt auf meinem linken Arm. Jetzt ist es schon unter der Decke!"

Mein tapferer Held begab sich auf die Suche. „Da ist sie ja. Ich hab sie schon – Autsch!"

Während er das Insekt von meiner Schulter pflückte, spürte auch ich plötzlich einen scharfen Stich. „Was ist denn das? Spinnen stechen doch nicht!"

Nein, es war auch gar keine Spinne – sondern eine nach der langen Winterruhe noch ziemlich schlaftrunkene Wespe, die sich aus unerfindlichen Gründen Anfang März mitten in der Nacht auf die Reise durch mein Bett begeben hatte! Verständlicherweise fühlte sie sich von dem plötzlichen Zugriff gestört und stach zu. Im ersten Moment war ich sehr erleichtert: Vor Wespen habe ich keine Angst; ich beobachte sie gern, wenn sie im Sommer auf der Terrasse mit ihren scharfen Mundwerkzeugen am Kuchen oder an einer Scheibe Kochschinken nagen.

Erst als ich ein paar Stunden später beim Frühstück saß und mir die groteske Situation der vergangenen Nacht noch einmal vor Augen führte, wurde mir meine unangemessene Reaktion bewusst. Vor einer vermeintlichen Spinne hatte ich mich gefürchtet – dabei sind Spinnen (zumindest bei uns in Westeuropa) nicht nur harmlos, sondern auch ausgesprochen nützliche Schädlingsbekämpfer. Dennoch fürchten sich zahlreiche Menschen bis hin zu einer krankhaften Phobie vor den achtbeinigen Fliegenfängern. Wespen hingegen können unter Umständen wirklich gefährlich werden – jährlich sterben allein in Deutschland ungefähr vierzig Menschen an den Folgen eines Wespenstichs, häufig durch eine allergische Reaktion. Der dick angeschwollene Finger meines Mannes und die heftig gerötete Einstichstelle an meiner Schulter heilten allerdings bald ab.

Harmlose, aber Furcht einflößende Spinne einerseits – unangenehm stechende, aber gar nicht ekelhaft erscheinende Wespe andererseits. Wie viele Menschen reagieren ähnlich, wenn es um die vermeintlichen und wirklichen Gefahren des Lebens geht! Ich denke zum Beispiel an meine Freundin Eva. Wir kennen uns schon seit Jahrzehnten, sind einige Wegstrecken unseres Lebens miteinander gegangen und schätzen doch Risiken sehr unterschiedlich ein. Eva ist gegen alles versichert – Hausratversicherung, Rechtsschutzversicherung, Lebensversicherung: Alles ist auf dem neuesten Stand. Sie achtet immer gewissenhaft darauf, alle Fenster und Türen zu schließen, wenn sie das Haus verlässt, und ist in allen ihren Angelegenheiten äußerst sorgfältig. Ich selbst bin in vielen Alltagsdingen eher sorglos und nachlässig. (Glücklicherweise gleicht mein Mann meine Leichtfertigkeit aus.) In einem Punkt allerdings handelt Eva viel achtloser als ich und verwechselt anscheinend „Spinnen" und „Wespen". Wenn es um den Glauben geht, dann sagt sie immer:

„Das alles mit Jesus und Erlösung, wie man in den Himmel kommt usw. – das ist wirklich gut für dich. Du kannst deine Krankheit so viel besser ertragen. Und ich glaube auch, dass das stimmt."

Ja, Eva glaubt wirklich, dass die Bibel die Wahrheit ist, dass Jesus der Sohn Gottes ist, dass man ohne Jesus nicht in den Himmel kommen kann – doch sie lässt diesen „Glauben" nicht tatsächlich an sich heran. Die Versicherung für das ewige Leben will sie nicht abschließen. Das Risiko, ihr Leben letztendlich an den „Feind des Menschen" zu verlieren, hält sie für kalkulierbar. Welch eine krasse, letztlich tödliche Fehleinschätzung!

Kennen Sie in Ihrem Leben auch solche „Spinnen" und „Wespen"?

# 11 Beziehungsweise

Schlechte Argumente werden nicht dadurch besser, dass sie ständig wiederholt werden. Und auch Irrtümer werden nicht plötzlich zur Wahrheit, nur weil sie von vielen Menschen für wahr gehalten werden.

Einige Parolen scheinen mittlerweile einfach zum Allgemeingut zu gehören; sie werden nicht mehr hinterfragt. Im Gespräch mit Nachbarn, Bekannten oder Arbeitskollegen hört man sie immer wieder, diese Sätze: „Wir glauben doch alle an denselben Gott; es ist ganz gleichgültig, wie man ihn nennt." – „Egal, ob Moslem, Christ, Atheist oder Buddhist." – „Hauptsache, die Menschen benehmen sich anständig." – „Man kann auch ohne Gott ein rechtschaffener Mensch sein."

Ein Grundgedanke scheint unantastbar zu sein: Der Sinn aller Religionen liegt für viele Zeitgenossen scheinbar darin, dass die Menschen sich friedlich und sozial verträglich verhalten. Wenn irgendein „Gott" ein solches Verhalten fördert – umso besser. Und wenn jemand das auch ohne „Gott" hinkriegt, dann braucht er eben keine Religion.

Ich persönlich höre angesichts meiner deutlich erkennbaren Beeinträchtigungen durch meine Krankheit auch häufig wohlmeinende Äußerungen wie zum Beispiel: „Gut, dass du deinen Glauben hast; dir scheint er ja zu helfen." – „Wenn es dir dadurch psychisch besser geht, ist deine Religion für dich sinnvoll."

Auch das ist also für manche Mitmenschen ein wichtiger Sinn und Zweck von Religion: Man fühlt sich mit „Gott" einfach besser.

Meistens antworte ich auf Sätze wie die oben zitierten Allgemeinplätze mit der einfachen Feststellung: Ich bin nicht religiös.

Ich brauche keine Religion, die mein Verhalten vorschreibt. Ich brauche keine Religion, um mich besser zu fühlen. Was ich brauche, ist eine Beziehung zu Jesus Christus!

Deshalb hat mein Glaubensleben auch nichts mit Religion zu tun. In einer Religion – ganz gleich, in welcher – geht es um Regelwerke, um erwünschtes oder unerwünschtes Verhalten. Aber mein persönlicher Glaube gründet sich auf eine reale Person: meinen Herrn Jesus Christus. Meine Beziehung zu Jesus ist das Fundament meines Lebens und Glaubens. Jesus will nicht in erster Linie mein Wohlverhalten. Er ist nicht ergebnisorientiert, sondern ihm liegt vor allem an meiner Beziehung zu ihm. Es ist nicht so wichtig, was ich tue; es zählt vielmehr, warum ich es tue: aus Liebe zu ihm.

Jeder Mensch lebt in einem mehr oder weniger ausgeprägten Beziehungsgeflecht. Ehepartner, Eltern und Kinder, Freunde und Arbeitskollegen – Beziehungen prägen unser Leben, unseren Alltag.

Seit ich pflegebedürftig bin, hatte ich im Lauf der Jahre schon fünfundzwanzig bis dreißig verschiedene Pflegekräfte. Manche arbeiteten nur wenige Tage bei mir, andere blieben einige Wochen oder Monate, einige kommen bereits seit Jahren. Sie haben alle die gleiche Ausbildung und arbeiten alle nach der gleichen vorgegebenen „Pflegeplanung". Und doch – welch ein Unterschied!

Manche Pflegekräfte verrichten einfach ihre Arbeit. Gut. Zu anderen entwickelt sich eine Beziehung: Man redet, tauscht sich aus, es entsteht eine Freundschaft. Das Ergebnis der Pflegetätigkeiten ist in beiden Fällen identisch, doch wenn ich am Abend Bilanz ziehe, fällt das Resultat sehr verschieden aus. Ohne persönliche Beziehung zur Pflegekraft ist mein Tag sachlich, hölzern, nüchtern, von Notwendigkeiten geprägt. Wenn aber die Pflegekraft meine Freundin ist, dann reden wir miteinander, lachen miteinander; die pflegerischen Erfordernisse laufen nebenbei ab und treten ganz in den Hintergrund. In der Erinnerung verankert bleibt ein gemeinsam verbrachter Tag.

Das ist für mich der Unterschied zwischen Religion und persönlichem Glauben. Ich vertrete keine Religion aus Regeln und Geboten; ich lebe in einer lebendigen Beziehung mit meinem Herrn Jesus Christus!

Welch ein Unterschied!

# 12 Einzigartig!

Im Alter von 12 Jahren war ich stolze Besitzerin eines damals „hochmodernen" Kassettenrekorders. Außerdem besaß ich drei oder vier Musikkassetten, die ich mit großer Hingabe immer wieder anhörte. Ich hatte das Gerät zu Weihnachten bekommen, doch ein paar Monate später funktionierte es plötzlich nicht mehr.

Es war an einem Samstagnachmittag, und mein Vater arbeitete im Garten, als ich mit dem kaputten Kassettenrekorder unter dem Arm zu ihm kam. Mein Vater schüttelte bedauernd den Kopf – von Technik verstand er nichts. Ob man das Gerät vielleicht irgendwo reparieren lassen konnte? Plötzlich stand Jörg neben mir und sagte: „Zeig mal!"

Jörg wohnte in der Nachbarschaft; er war zwei oder drei Jahre älter als ich und stammte aus einer – wie man heute sagt – „sozial schwachen" Familie. Seine alleinerziehende Mutter war völlig überfordert mit ihren sieben Kindern, die ihre jeweiligen Väter nicht kannten. Jörg hatte es besonders schwer; er hatte ein deutliches Intelligenzdefizit, wurde aber auch in keiner Weise gefördert. Am Wochenende kam er immer gern zu uns, denn mein Vater nahm ihn so, wie er nun einmal war. Er saß mit dem Nachbarsjungen auf der Terrasse und unterhielt sich mit ihm, Jörg bekam Butterbrote und ab und zu sogar ein Glas Cola und mit Begeisterung half er meinem Vater im Garten.

Und nun nahm Jörg meinen Kassettenrekorder und sagte: „Lass mich gucken!" Dann sah er meinen Vater an. „Schraubenzieher?" Er bekam, was er brauchte, und machte sich an die Arbeit.

Ein paar Stunden später grinste er zufrieden und sagte lapidar: „Geht wieder!"

Es ist mir noch heute ein Rätsel, wie Jörg es fertigbrachte, nicht nur diesen Kassettenrekorder, sondern später auch alle möglichen anderen elektrischen Geräte zu reparieren. „Gelernt" im herkömmlichen Sinn hatte er es nicht. Es war eine außergewöhnliche Begabung, eine Gabe, die der Schöpfer ihm gegeben hatte und die Jörg auch eifrig einsetzte.

Ich weiß nicht, was aus ihm geworden ist, aber Jörg ist für mich auch heute noch ein Beispiel dafür, dass Gott jedem Menschen mindestens eine Gabe mit auf den Weg gibt. Und jeder wird dadurch zu einem einzigartigen Individuum. Aber was ist eigentlich eine „Gabe"?

Dieser Begriff kommt von „geben" – eine Gabe ist also nur ein anderes Wort für Geschenk. Ein Geschenk sucht man sich normalerweise nicht aus.

Man wird überrascht und man bedankt sich dafür. Doch ein Geschenk muss man auch auspacken und nach seiner Bestimmung benutzen!

Gott gibt seinen Kindern vielfältige Geschenke: Die Gaben Gottes sind in erster Linie „Begabungen" (dieses Wort hat den selben Wortstamm!) und jeder Mensch hat auf einzigartige Weise von seinem Schöpfer natürliche Begabungen bekommen. Manche haben zum Beispiel eine künstlerische, sportliche, musikalische, handwerkliche oder kreative Begabung, andere haben die besondere Gabe, andere zu trösten, eine Veranstaltung zu organisieren, hilfreiche Gedanken weiterzugeben oder eine gastfreundliche Atmosphäre zu schaffen.

Simon Petrus, ein Mensch mit praktischer Veranlagung, schreibt: „Jeder soll den anderen mit der Gabe dienen, die er von Gott bekommen hat. (...) Jede einzelne Gabe soll mit der Hilfe von Jesus Christus so eingesetzt werden, dass Gott geehrt wird. Ihm gehören der Ruhm und die Macht für immer und ewig" (1. Petrus 4,10–11; NGÜ).

Vor ein paar Jahren, als Gott mich in den Rollstuhl gesetzt hat, musste ich noch einmal ganz neu darüber nachdenken, mit welchen Gaben ich denn nun Gott noch dienen sollte – vieles von dem, was früher für mich selbstverständlich war, wurde plötzlich völlig unmöglich. Ich kann Gott nicht mehr mit Händen und Füßen dienen, aber im Laufe der Zeit machte mein Herr mir klar: Du hast noch Ohren zum Zuhören, eine Stimme zum Beten und Reden, einen Kopf (und einen Computer!) zum Schreiben ... Selbst wenn ich in den Augen der Welt scheinbar nichts kann, so wie unser Nachbarsjunge Jörg damals, gibt Gott mir doch Fähigkeiten und Möglichkeiten, ihm zu dienen. Welch ein wunderbarer Gott!

# 13 Katzenjammer

Ist Ihnen so etwas auch schon einmal passiert?

Ich lese in der Bibel und denke auf einmal: *Was soll denn das bedeuten?! Der Hase soll ein Wiederkäuer sein* (nachzulesen in 3. Mose 11,6)? Nach meiner Überzeugung ist die Bibel das Wort Gottes, und da gibt es keine Fehler! Aber mein „Allgemeinwissen" wehrt sich heftig: Ein Hase ist mit Sicherheit kein Wiederkäuer wie eine Kuh oder ein Kamel, das weiß doch nun wirklich jedes Kind!

Ganz leise klopft der Zweifel an. Gibt es in der Bibel vielleicht doch falsche Aussagen? Baue ich mein Leben womöglich auf einen wackeligen Untergrund?

Um es gleich vorwegzunehmen: Nein, das Fundament meines Lebens ist felsenfest und hält jeder kritischen Prüfung stand. Denn nicht immer ist alles so, wie mein erster Blick es beurteilt. Manches ist einfach eine Frage der Wahrnehmung oder der Perspektive. Eine amüsante Begebenheit kann diese Beobachtung vielleicht illustrieren:

Alljährlich im Frühling steht meinem Kater eine aufregende Prozedur bevor: Er muss wieder einmal geimpft werden. An einem der ersten sonnigen Tage im März ist es so weit. Mit List und Futter wird mein graues Raubtier in den Transportkorb gelockt. Da hockt der große Kater nun zuerst noch ganz kleinlaut, doch als er ins Auto verfrachtet wird, verleiht er seiner Empörung lauthals Ausdruck und jammert herzerweichend. Es verblüfft mich immer wieder, welche „Arien" mein harmloses Katzentier vorführen kann, wenn es zum Tierarzt geht. Solche Töne und Melodien bringt im Allgemeinen kaum jemand mit einer normalen Katze in Verbindung!

Der Weg zum Tierarzt ist nicht weit, doch heute muss mein Stubentiger noch zwei oder drei Minuten länger aushalten als sonst. Meine Assistentin soll in einem Laden, der unmittelbar am Weg liegt, noch etwas besorgen. Wir halten direkt am

Straßenrand und der wunderschöne Frühlingstag dringt sonnig und warm durch mein geöffnetes Fenster.

Ein älterer Mann kommt auf dem Bürgersteig auf mein Auto zu, und ich bemerke, wie irritiert er mich durch die offene Scheibe ansieht. Das ist im Grunde nicht ungewöhnlich, denn viele Menschen sind unsicher oder erschrocken, wenn sie mich in meinem Hightech-Rollstuhl sitzen sehen mit einer Atemmaske, die das halbe Gesicht verdeckt. Doch der Blick dieses Fremden spiegelt noch etwas anderes. Ungläubiges Staunen? Grenzenloses Befremden? Ich folge ihm mit meinen Augen und sehe, wie er sachte den Kopf schüttelt. Die Katze zu meinen Füßen jault währenddessen weiter laut vor sich hin. Und plötzlich wird mir klar, was den alten Herrn so enorm irritiert hat: Nicht allein meine optische Erscheinung hatte ihn etwas aus der Bahn geworfen hat. Die Kombination meines Anblicks mit den weithin hörbaren erbärmlich klagenden Lauten war es anscheinend, die dem Mann offenbar sehr zu denken gab. Irgendwie passte das einfach nicht zusammen. Bis heute wüsste ich zu gern, wie er seine Eindrücke wohl später seiner Familie geschildert hat!

Ganz ähnlich wie diesem älteren Herrn geht es auch mir manchmal beim Bibellesen. Ich verknüpfe Dinge, die eigentlich nicht zusammengehören, oder habe unbewusst Vorurteile im Kopf, wie etwas meiner Meinung nach funktionieren muss.

Auch bei der Geschichte mit dem Hasen als Wiederkäuer hatte ich meine festen Vorstellungen – bis ich im Internet auf den Artikel eines Biologen stieß. Dort wird erklärt, dass ein Hase die Nahrung bei der ersten Darmpassage nicht vollständig verdauen kann; daher nimmt er das erste Verdauungsprodukt in Form von „Kotpillen" sofort wieder auf, sodass dem Organismus die Nährstoffe beim zweiten Durchgang zur Verfügung stehen. Wörtlich heißt es: „Obwohl das biologische Prinzip nahezu das gleiche ist wie bei den Wiederkäuern, zählen die Hasentiere nicht zu dieser Gattung, da der Magentrakt anders aufgebaut ist" (Quelle: Wikipedia).

Als ich das las, musste ich unwillkürlich lachen. Für uns Menschen sind das die neuesten biologischen Erkenntnisse, doch Gott wusste selbstverständlich schon vor Tausenden von Jahren, welche Ähnlichkeiten die Verdauungsabläufe von Kühen, Kamelen und Hasen aufweisen – er hat sie schließlich selbst konstruiert! Und ich hatte doch tatsächlich geglaubt, dem allmächtigen Gott der Bibel sei ein Fehler unterlaufen, als er den Hasen als Wiederkäuer bezeichnete.

Ob Gott wohl manchmal auch über mich schmunzeln muss?

# 14 Unterwegs zu einem Ziel

Dreizehn Frauen, verteilt auf zwei Kleinbusse, genießen das strahlende Sonnenwetter schon bei der gemeinsamen gut zweistündigen Fahrt zum Flughafen. Sie sind unterwegs zu einer fröhlichen Frauenfreizeit in Spanien. Der Einfachheit halber haben sie sich an einem zentralen Punkt getroffen und lassen sich nun bequem zum Abflugort chauffieren. Unterwegs wird voller Vorfreude erzählt, gesungen und gelacht. Die Frauen sind bewusst frühzeitig losgefahren und freuen sich, dass sie diesen Urlaub von Anfang an ganz entspannt und ohne Hektik genießen können.

Nach mehr als eineinhalb Stunden Fahrt klinkt sich eine der Frauen kurz aus der Unterhaltung aus. Sie packt einen Müsliriegel aus, beißt hinein und blickt beim Kauen beiläufig aus dem Fenster. Sie liest ein Autobahnschild, stutzt und fragt den Fahrer irritiert: „Ich dachte, wir fliegen von Maastricht los?! Fahren wir da nicht in die falsche Richtung?"

Der Fahrer fällt aus allen Wolken. „Maastricht? Nein, wir sind unterwegs zum Flughafen Weeze!"

Beim nächsten Parkplatz hält die Gruppe an – inzwischen haben auch die Insassen des nachfolgenden Kleinbusses gemerkt, dass irgendetwas nicht stimmen kann. Aufgeregte Diskussionen, immer wieder ein hektischer Blick auf die Uhr. Wenn wir uns jetzt beeilen und nichts mehr dazwischenkommt, könnten wir es gerade noch schaffen ...! Doch der „richtige" Flughafen liegt noch deutlich mehr als eine Stunde Autobahnfahrt von ihnen entfernt und das Flugzeug wartet nicht auf verspätete Fluggäste. Hoffentlich hat der Check-in-Schalter noch nicht geschlossen!

Ich kann Entwarnung geben: Die Freizeitgruppe hat das Flugzeug tatsächlich buchstäblich in der letzten Minute erreicht – allerdings durchaus nicht ganz so wie geplant: weder entspannt noch ohne Hektik. Im Galopp ging es durch die Abfertigungshalle, und als die Frauen sich endlich auf ihre Plätze im Flugzeug setzten, hatte manch eine Schweißperlen auf der Stirn.

Wie konnte das nur passieren? Des Rätsels Lösung ist ganz einfach: Die Frauen haben sich auf den Chauffeur verlassen und der Chauffeur hat sich auf sein Navigationsgerät verlassen. Keiner weiß mehr, an welcher Stelle das Missverständnis entstanden war; doch eins steht fest: Ins Navigationssystem war das falsche Ziel eingegeben worden. Und wenn das falsche Ziel angepeilt wird, ist der Weg automatisch auch falsch!

Jeder Mensch kann aus einer unendlichen Fülle von möglichen Lebenszielen auswählen. Erfolg, Karriere, Reichtum – gute Beziehungen zu Familie und Freunden – Spaß, Vergnügen, Unterhaltung – sozialer Einsatz und Hilfsbereitschaft – Selbstfindung und Selbstverwirklichung: Der Mensch stellt selbst die Weichen, bewusst oder unbewusst. Und nach dem gewählten Lebensziel richtet sich der Lebensweg. Wer Karriere machen will, verzichtet auf ausgedehntes Vergnügen; wer sich selbst verwirklichen will, hat wenig Interesse an selbstloser Nächstenliebe.

Welches Ziel sollen wir denn als Christen in unserem Leben verfolgen? Sollen wir uns bemühen, immer Gottes Gebote zu halten? Soll die Nächstenliebe unser Leben bestimmen? Zweifellos sind das wichtige und richtige Bemühungen im Alltag jedes Christen. Doch das eigentliche Ziel meines Lebens kann ich mir nur von Gott schenken lassen.

Wenn man die Bibel liest, dann stellt man fest, dass Jesus Christus den Menschen ein „himmlisches" Lebensziel und einen göttlichen Weg dorthin vor Augen malt: Das Ziel ist Gott selbst! Und Jesus sagt: „Ich bin der Weg, ich bin die Wahrheit und ich bin das Leben. Zum Vater kommt man nur durch mich" (Johannes 14,6; NGÜ).

Gott ist das Ziel meines Lebens und Jesus Christus ist der Weg zu diesem Ziel. Bei meiner Bekeh-

rung hat Gott selbst mein „Navigationssystem"
programmiert, und nun bringt es mich unter allen
Umständen – auch wenn ich manche Wege als Umwege empfinde – an das richtige Ziel: in die Ewigkeit in der Gegenwart Gottes.

Auf welches Ziel steuern Sie zu?

## 15 Nichts ist unmöglich!

Ein Hauch dieses unbeschreiblichen Duftes nach
Sägemehl und Popcorn dringt sogar durch
mein Beatmungsgerät. Ich sitze im Zirkus und
staune über die manchmal wirklich unglaublichen
Fähigkeiten der Artisten!

Zirkusmusik erfüllt das Zelt und ein muskulö-
ser Mann betritt die Manege. In der Mitte steht ein
Podest, darauf zwei hüfthohe Stangen mit jeweils
einem Griff am oberen Ende. Ein scheinbar mühe-
loser, katzenartiger Sprung, und der Mann steht
zwischen den Stangen. Konzentriert umfasst er die
Griffe, und wie selbstverständlich, in einer ganz
langsamen fließenden Bewegung, hebt er Füße,
Beine und Rumpf und steht im Handstand. Dann

senkt er den Körper ganz allmählich, bis er waage-recht in der Luft „liegt".

Hat der Handstandakrobat das Naturgesetz der Erdanziehung außer Kraft gesetzt? Er scheint zu gleiten und zu schweben, als würde er von der Luft getragen. Doch bei genauerem Hinsehen entdeckt man die äußerste Konzentration, die unfassbare Muskelkraft und die Körperbeherrschung des Ar-tisten, die das Publikum faszinieren.

Als er seine Vorstellung beendet hat und sich verbeugt, brandet ein lebhafter Applaus auf.

Schmerzlich wird mir bewusst, dass ich nicht einmal den kleinen Finger bewegen kann, um dem Künstler meine Begeisterung zu zeigen. Könnte der Athlet mir doch bloß einen winzigen Bruchteil seiner Muskelkraft überlassen! Wie glücklich wäre ich, nur noch einmal auf den eigenen Füßen stehen zu können!

Wirklich unbegreiflich, zu welchen Leistungen ein menschlicher Körper mit unendlich viel Trai-ning und Disziplin imstande sein kann!

Doch das beste Training und die größte Diszip-lin wären vergeblich, hätte Gott nicht alle Lebens-funktionen im Griff. Auch der Zirkusartist kann nur mit den körperlichen Möglichkeiten arbei-ten, die Gott ihm zur Verfügung stellt. Weder der bewunderte durchtrainierte Akrobat noch eine gelähmte Rollstuhlfahrerin – und selbstverständlich auch kein „Durchschnittsmensch" – kann die Funktion der eigenen inneren Organe willentlich beeinflussen, kann seine eigenen Haare wachsen lassen, kann seinem eigenen Körper befehlen, gegen Krankheitserreger vorzugehen. Wir sind einfach darauf angewiesen (und zwar alle!), dass der allmächtige Schöpfer alles das und noch viel mehr so unbemerkt und scheinbar nebenbei bei jedem Einzelnen von uns regelt.

Ein Mensch kann – im Rahmen der Möglichkeiten, die Gott ihm schenkt – mit Einsatzbereitschaft und Fleiß erstaunliche Dinge vollbringen. Doch Gott, der allmächtige Schöpfer, hat unbegrenzte Möglichkeiten!

Bei Gott ist buchstäblich nichts unmöglich. Er allein kann bewirken, dass ein Grashalm wächst. Er allein kann bewirken, dass Lebewesen sich auf die verschiedensten Arten fortpflanzen. Er allein hat sowohl die kleinste Zelle als auch das gesamte Universum in seiner allmächtigen Hand.

Noch heute, nach Tausenden von Jahren, sind die Fragen hochaktuell, die Gott dem aufbegehrenden Hiob stellt: Hast du je das Tageslicht herbeigerufen und der Morgenröte ihren Weg gewiesen (vgl. Hiob 38,12)? Woher kommt das Licht und wie gelangt man dorthin? Woher kommt die Finsternis (vgl. Hiob 38,19)? Breitet der Falke seine Schwingen aus, um nach Süden zu fliegen, weil *du* den Wandertrieb in ihn gelegt hast? Schwingt sich der Adler auf *deinen* Befehl so hoch empor und baut in der Höhe sein Nest (vgl. Hiob 39,26–27)?

Auch der moderne Mensch des 21. Jahrhunderts ist nicht in der Lage, diese „einfachen" Fragen des Schöpfers zu beantworten.

Die Allmacht Gottes ruft bei vielen Menschen heutzutage Unbehagen hervor. Ist die Menschheit dann nur der Spielball einer unkontrollierbaren Macht, der Beliebigkeit eines unbegrenzten Tyrannen ausgeliefert? Wer Gott nicht kennt, keine Beziehung zu ihm hat durch Jesus Christus, mag solche Ängste haben.

Doch unser allmächtiger Gott ist voller Liebe und Barmherzigkeit. Er überblickt das ganze Universum, er steuert die Vorgänge in jeder einzelnen lebenden Zelle – und er kümmert sich liebevoll darum, dass jeder einzelne Mensch die Möglichkeit erhält, die Ewigkeit in der Gegenwart Gottes zu verbringen. „Denn so hat Gott die Welt geliebt, dass er seinen eingeborenen Sohn gab, damit jeder, der an ihn glaubt, nicht verloren geht, sondern ewiges Leben hat" (Johannes 3,16).

Bei Gott ist wirklich nichts unmöglich!

# 16 Der Osterhase

Die Kinder meiner Freundin Susanne haben zwei Zwergkaninchen, die in einem kleinen Gehege im Garten wohnen. Keks und Krümel, so heißen die beiden süßen Hasen, haben sich dort nach Kaninchenart eine Wohnhöhle gegraben, in die sie sich zurückziehen können.

Letztes Jahr war es am Samstag vor Ostern plötzlich ungewöhnlich heiß geworden und Keks und Krümel hatten sich in ihrer schattigen Höhle verborgen. Als Jonas am Nachmittag den beiden Kaninchen ein paar Salatblätter und Möhren bringen wollte, stutzte er: Nur Keks kam sofort heraus, um an dem frischen Gemüse zu knabbern – Krümel blieb verschwunden. Das war höchst ungewöhnlich. Jonas rief und lockte den Hasen mit einem saftigen Salatblatt unmittelbar vor dem Höhleneingang, aber nichts rührte sich. Gemeinsam mit seiner Schwester Clara versuchte Jonas, mit dem Arm in die Höhle hineinzureichen, doch der Gang war zu tief.

Verzweifelt wandten sich die Geschwister an ihre Mutter. „Wir müssen versuchen, Krümel vorsichtig auszugraben", schlug Susanne vor.

„Meinst du, er ist tot?", schrie Clara entsetzt.

Behutsam vergrößerten sie mit einer kleinen Schaufel das Loch, das die Kaninchen gegraben hatten, und legten Stück für Stück den Gang frei.

„Da ist er!", rief Jonas plötzlich aufgeregt.

Bewegungslos und mit geschlossenen Augen lag das kleine braune Kaninchen in der Höhle; einige Erdklumpen waren schon auf sein Fell gefallen. Clara jammerte laut: „Mein armer Krümel, mein armer, armer Krümel!"

Jonas griff nach dem leblosen Fellbündel, um es endgültig ins Freie zu ziehen. Plötzlich wichen alle erschrocken zurück: Krümel hatte ganz unerwartet einen Satz gemacht und saß nun zitternd und schwach, aber lebendig auf der Wiese!

„Kreislaufkollaps durch die Hitze", sagte der Tierarzt später. „Geben Sie ihm viel Flüssigkeit und ein kühles und schattiges Plätzchen, dann erholt er sich schnell, Ihr kleiner Osterhase!"

An jenem Ostersonntag war der „Osterhase" Krümel tatsächlich eine eindrucksvolle Illustration der Auferstehung: Hatte er tags zuvor noch wie leblos in seiner Höhle gelegen, hoppelte er nun wieder quietschvergnügt über die Wiese.

Doch Auferstehung ist natürlich noch viel, viel mehr! Das kleine Kaninchen war schließlich nicht wirklich tot, konnte daher auch nicht tatsächlich „auferstehen".

Das konnte bisher nur ein Einziger: Jesus Christus, der Sohn des allmächtigen Gottes, der Messias.

„Auferstehung" ist ein Zentralbegriff der Bibel. Etwas völlig Neues, bis dahin noch nie Denkbares geschah, als der gefolterte und ermordete Körper des vermeintlich einfachen Wanderpredigers Jesus von Nazareth auf unerklärliche Weise aus einem verschlossenen und von Soldaten bewachten Grab verschwand. Der Tod konnte die Leiche nicht festhalten, der tote Körper wurde wieder lebendig und zeigte normale menschliche Lebensäußerungen: Er sprach, er ging, er aß. Fast sechs Wochen lang begegnete er zahlreichen Menschen, die sich von seiner absoluten Lebendigkeit überzeugen konnten.

Die tatsächliche Auferstehung meines Herrn begründet die größte Hoffnung und Sehnsucht meines eigenen Lebens: Durch die Macht seiner Auferstehung wird auch mein sterblicher und kranker Körper, der mir so oft zur Last fällt, einmal in einen unsterblichen und vollkommenen Körper umgewandelt. Diese Worte von Jesus sind das Versprechen: „Ich bin die Auferstehung und das Leben; wer an mich glaubt, wird leben, auch wenn er gestorben ist" (Johannes 11,25).

Vorstellen kann ich mir das nicht. Diese Ansicht widerspricht scheinbar jeder menschlichen Erfahrung. Der Apostel Thomas wollte den auferstandenen Herrn buchstäblich mit seinen Händen „begreifen" – eine solche Sehnsucht ist auch mir nicht fremd. Doch der allmächtige Gott schickt mir andere Illustrationen – nicht nur einen „Osterhasen".

Nach dem Winter sieht man im Frühling überall neue Triebe, Knospen und Blüten an den kahlen Zweigen, die monatelang wie tot wirkten. Gras und Blumen beginnen zu sprießen und zu wachsen, wo vorher kahle Erde war. Innerhalb weniger Wochen ist die Natur völlig verändert: Alles ist neu geworden!

Der allmächtige Gott, der Jahr für Jahr scheinbar nebenbei dieses Wunder bewirkt, wird auch das Wunder der Auferstehung der Toten nach seiner Gnade vollbringen!

# 17 Unabhängigkeitstag

Am 4. Juli 1776 wurde eines der wichtigsten Dokumente in der Geschichte der Neuzeit unterzeichnet: die amerikanische Unabhängigkeitserklärung.

Die damals 13 nordamerikanischen Überseekolonien der britischen Krone hatten beschlossen, sich vom britischen Mutterland zu lösen und einen eigenen, unabhängigen Staatenbund zu gründen. Der 4. Juli, der sogenannte Unabhängigkeitstag, wird seither in den USA als Nationalfeiertag überschwänglich gefeiert. Er markiert das Ende der als Unterdrückung empfundenen Herrschaft Großbritanniens über die aufstrebenden Kolonien in der Neuen Welt.

Auch in der Französischen Revolution, die 13 Jahre später begann, kämpften die Menschen für ihre Unabhängigkeit von einer als ungerecht und bedrückend empfundenen absolutistischen Herrschaft.

Viele Beispiele gibt es, vor allem auch in der jüngeren Geschichte, die von den gleichen Bestrebungen erzählen: Befreiung von einschränkender Abhängigkeit, ungerechtfertigter Bevormundung und Unterdrückung.

Welcher Mensch möchte da nicht unabhängig sein? Ist Unabhängigkeit nicht unser gutes Recht?

Doch wie viele Situationen gibt es, in denen gerade die Abhängigkeit lebenswichtig ist! Ich denke zum Beispiel an ein heranwachsendes Baby im Mutterleib – sein ganzes junges Leben hängt an der Nabelschnur, der Verbindung zur Mutter. Durch die Atmung der Mutter wird das Kind mit Sauerstoff versorgt. Durch die Nahrung der Mutter erhält das

Kind die Nährstoffe, die es zum Leben und Wachsen benötigt. Für einen Fötus in der Gebärmutter wäre Unabhängigkeit sofort tödlich! Jeder Mensch kann mit gutem Recht dankbar sein für diese Art von Abhängigkeit in seinem ersten Lebensabschnitt!

Als erwachsener Mensch habe ich natürlich auch das Bestreben, ein unabhängiges Leben zu führen – wer hätte das nicht? Doch was bedeutet das für mich?

Meine Krankheit macht mich existenziell abhängig von Menschen und Maschinen. Jeder Schluck Wasser, jeder Bissen Nahrung, jede Kleinigkeit bei der Körperpflege, jede Lageänderung im Bett führen mir meine Abhängigkeit von Menschen drastisch vor Augen. Und mehr noch: Jeder Atemzug ist abhängig von der korrekten Funktion meines Beatmungsgerätes.

Von Unabhängigkeit kann bei mir wirklich keine Rede sein. Doch wie dankbar bin ich für diese unverzichtbaren Hilfen für mein Leben – auch wenn sie mich „abhängig" machen!

Die Begriffe „Abhängigkeit" und „Unabhängigkeit" scheinen heutzutage in unserer freiheitsliebenden Gesellschaft eine sehr einseitig festgelegte Bedeutung zu haben: Unabhängigkeit ruft immer positive Gefühle hervor, während Abhängigkeit immer negativ gesehen und mit Unterdrückung gleichgesetzt wird. Kein Wunder, dass die Reaktion der Menschen auf einen allmächtigen Gott oft einem erbitterten Unabhängigkeitskrieg gleicht.

Ich befürchte allerdings, dass da eine Verwechslung vorliegt: Im Gegensatz zu den Unterdrückern und Diktatoren dieser Welt zwingt Gott niemanden unter seine Herrschaft, er handelt niemals ungerecht oder gar bösartig. Ganz im Gegenteil: So wie ein Kind im Mutterleib versorgt und beschützt wird, weil es allein und unabhängig gar nicht lebensfähig ist, so versorgt und beschützt Gott uns, seine geliebten Geschöpfe.

Ich selbst spüre es durch meinen kranken Körper unablässig in jeder Minute meines Lebens: Nur in Abhängigkeit kann ich überhaupt noch leben – in Abhängigkeit von Menschen, von Maschinen, vor allem aber von meinem allmächtigen Herrn und Gott. Jeder Versuch, mich von dieser Abhängigkeit zu befreien, wäre für mich schlichtweg tödlich.

Wie ein Bild zeigt mir meine Lebenssituation, wie wohltuend diese Art „Abhängigkeit" ist. Ich kann mich darin einhüllen wie in einen Mantel der Geborgenheit, denn Gott selbst sagt mir: „Fürchte dich nicht, denn ich bin mit dir! Habe keine Angst, denn ich bin dein Gott! Ich stärke dich, ja, ich helfe dir, ja, ich halte dich mit der Rechten meiner Gerechtigkeit" (Jesaja 41,10).

Nein, ich brauche keinen „Unabhängigkeitstag". Ich freue mich viel mehr über die innige Verbindung der Abhängigkeit zu meinem Herrn und
Gott!

## 18 Ein unbequemer Segen

Mühsam setzt die junge Frau einen Fuß vor den
anderen. Sie ist schwer beladen, und sie hat
noch einige Kilometer Fußmarsch vor sich, denn
hier fährt kein Bus mehr. Ihren elfjährigen Sohn
trägt Martha auf dem Rücken; ab und zu stöhnt er
leise vor Schmerzen. Seit er vor sechs Jahren, im
Januar 1920, diesen schlimmen Unfall hatte, wurde er von Krankenhaus zu Krankenhaus verlegt.
Ihre letzte Hoffnung ist nun die „Kinder-Krüppel-
Heilanstalt". Endlich sieht sie die großen Gebäude
in der Ferne. „Hier hast du es gut, Werner", sagt sie
leise. „Hier gibt es Ordensschwestern." Glauben,
Gott, Kirche – das alles hat für Martha und ihre
ganze Familie keine Bedeutung. Aber dennoch weiß
sie: Es gibt Menschen, bei denen bewirkt der Glaube eine tiefe Liebe zu hilfsbedürftigen Geschöpfen

Gottes. Solchen Menschen kann sie auch ihr Kind anvertrauen.

Diesen Satz seiner Mutter hat Werner nie vergessen. Tatsächlich hat er in den vielen Jahren, die er anschließend in diesem Krankenhaus verbringen musste, die Liebe Gottes erfahren. Sie hat ihn tief beeindruckt, sodass Werner schließlich sein ganzes Leben vertrauensvoll in die gute Hand Gottes legen konnte.

Auch am Ende seines Lebens war er Gott noch dankbar für die verschlungenen Wege des Segens, die Gott ihn geführt hatte. Nach menschlichem Ermessen hätte er in seiner Familie Gott nicht kennen- und lieben gelernt. „Siehe, zum Heil wurde mir bitteres Leid: Du, du hast liebevoll meine Seele von der Grube der Vernichtung zurückgehalten, denn alle meine Sünden hast du hinter deinen Rücken geworfen" (Jesaja 38,17). Werners Geschichte hat viele Menschen zum Nachdenken gebracht. Auch mich – denn Werner war mein Vater.

Jahrzehnte später kreist ein Bibelvers aus dem Römerbrief immer wieder durch meinen Kopf: „Eines aber wissen wir: Alles trägt zum Besten derer bei, die Gott lieben" (Römer 8,28; NGÜ). Kann es für mich tatsächlich „zum Besten dienen", wenn ich aus einem gesunden und aktiven Leben plötzlich herausgerissen werde und als hilfloser Pflegefall leben muss? Könnte ich meinem Herrn und Gott als gesunde Frau nicht viel besser dienen? Soll das etwa ein Segen sein?

Ja, warum eigentlich nicht? Krankheit ist nicht unbedingt etwas Böses, sondern etwas Schweres. Natürlich ist es nicht schön, krank, hilflos und in jeder Kleinigkeit abhängig von anderen Menschen zu sein. Das ist schwer zu ertragen. Was mutet Gott mir da zu? (Das gilt selbstverständlich nicht nur für das Phänomen Krankheit, sondern auch für viele andere leidvolle Situationen.) Aber Gott tut nichts Sinnloses, er hat eine Absicht und ein Ziel bei allem, was er tut. Gott ist die Liebe; er tut nichts, was mir letztlich schaden könnte. Deshalb lautet die Frage eher: Was *traut* Gott mir da zu?

Es ist ein schwieriger Segen, ein unbequemer Segen. Und dennoch sehe ich viele Auswirkungen meiner besonderen Situation: für mich persönlich, für andere Gläubige, für Ungläubige. Gott hat mich selbst durch die Krankheit näher zu sich hingezogen. Gott hat durch meine Krankheit gläubige Christen aus meinem Umfeld näher zu sich hingezogen. Und Gott hat durch meine Krankheit mehrere bis dahin ungläubige Menschen durch seine Liebe und Gnade zu sich hingezogen und ihnen das ewige Leben geschenkt. Eine Fülle von Segen – das wiegt meine Krankheit tausendfach auf!

Wenn Gott durch meine Krankheit so viel Segen strömen lässt, dann meint er es einfach gut mit mir – wenn auch für mich dieser Segen manchmal unbequem erscheint. Ich freue mich darüber, dass er mir zutraut, mit seiner Hilfe eine ungewöhnliche Situation mit Leben zu füllen.

Kürzlich habe ich eine aufregende Entdeckung im Wörterbuch gemacht: Die hebräischen und griechischen Wörter für „Segen", „segnen" im Urtext der Bibel können auch „loben", „preisen" und „danken" bedeuten. Ich finde, das ist genau das, was der Segen Gottes bei mir bewirken soll: Ich will meinen Herrn dafür loben und preisen und ihm danken, dass er alles, jede Kleinigkeit meines und Ihres Lebens, in seiner guten Hand hält – dass er mich segnet.

„Ihr seid gesegnet vom HERRN, der Himmel und Erde gemacht hat" (Psalm 115,15).

Diesen Segen unseres allmächtigen und liebenden Gottes wünsche ich Ihnen!

# 19 Neuanfang ohne Altlasten

Kennen Sie auch diese uralte Bürogeschichte?

Seit Monaten liegt die Sekretärin ihrem Chef damit schon in den Ohren: „Herr Direktor, wir brauchen unbedingt mehr Platz in der Ablage. Wir könnten doch die Akten, die dreißig Jahre und älter sind, jetzt wirklich endlich vernichten." Der Chef ist eigentlich nicht dafür, doch die unermüdlichen Bitten seiner Sekretärin lassen ihn schließlich zustimmen.

„Also gut, wenn es unbedingt sein muss ... Sie haben meine Erlaubnis, die alten Akten zu vernichten."

Die Sekretärin ist höchst erfreut und will sich sofort an die Arbeit machen. Doch als sie den ältesten Aktenordner aus dem Schrank zieht, kommt der Chef noch einmal zurück.

„Frau Müller", sagt er, „bitte tun Sie mir noch einen Gefallen, bevor Sie die Akten endgültig vernichten."

Die Sekretärin lächelt. „Ja, gern, Herr Direktor", erwidert sie liebenswürdig. „Worum handelt es sich denn?"

„Es ist ganz einfach", erklärt der Chef. „Machen Sie nur vor der Vernichtung der Unterlagen jeweils eine Kopie für die Ablage!"

Unser gnädiger Gott geht mit den Aufzeichnungen meiner Schuld glücklicherweise völlig anders um: Gott vergibt und erinnert sich (und mich!) dann nicht mehr an meine Schuld. Der Prophet Micha aus dem Alten Testament schreibt, dass Gott buchstäblich „alle unsere Sünden in die Tiefen des Meeres" wirft (Micha 7,19). Wenn man diese Bibelstelle ganz wörtlich nehmen will und annimmt, dass sich Gott die tiefste Stelle des Meeresbodens als „Endlager" für meine Sünden ausgesucht hat, dann liegen sie wohl alle rund elf Kilometer tief unter der Meeresoberfläche, im Witjastief im Marianengraben im westlichen Pazifik ...

Diese Stelle ist für die Menschheit nahezu absolut unzugänglich. Bisher haben sich in der gesamten Geschichte der Erde erst drei Männer in jeweils ganz speziellen Tiefsee-U-Booten in eine derartige Meerestiefe gewagt. Die ersten waren Jacques Piccard und Don Walsh im Jahr 1960; und erst vor kurzer Zeit, im März 2012, hat der bekannte Filmregisseur James Cameron („Der Untergang der Titanic") einen Tauchgang im Marianengraben unternommen. Faszinierend ist die Feststellung, dass es dort unten trotz undurchdringlicher Finsternis, Temperaturen knapp über dem Gefrierpunkt und trotz unvorstellbar hohen Wasserdrucks dennoch Leben gibt! Der allmächtige Schöpfer hat ganz offensichtlich auch diese Regionen ständig im Blick – allerdings nur in Hinsicht auf die Geschöpfe dort, keineswegs im Hinblick auf meine Schuld ...

Was sich in meinem Leben an Sünden auch inzwischen angesammelt hat – niemand wird das je erfahren, denn Gott hat keine „Kopien für die Ablage" von den „weggeworfenen", den vergebenen Sünden angefertigt! Er hat kein geheimes Regal mit Aufzeichnungen, die er bei passender Gelegenheit hervorkramen und mir wieder vorhalten könnte. In seinen Augen ist meine gesamte Lebensschuld vergeben. Paulus bestätigt das im Auftrag Gottes in seinem Brief an die junge Gemeinde in Kolossä: „Gott hat uns alle unsere Verfehlungen vergeben. Den Schuldschein, der auf unseren Namen ausgestellt war und dessen Inhalt uns anklagte, weil wir die Forderungen des Gesetzes nicht erfüllt hatten, hat er für nicht mehr gültig erklärt. Er hat ihn ans Kreuz genagelt und damit für immer beseitigt" (Kolosser 2,13–14; NGÜ).

Im letzten Sommer hatte ich Besuch von einer langjährigen Freundin. Während eines Spaziergangs kamen wir wieder einmal auf das Thema „Glauben" zu sprechen, und sie sagte: „Es tut mir leid, aber das kann ich einfach nicht akzeptieren: dass mir nach meinem Empfinden in der Bibel immer wieder irgendwelche Schuld eingeredet werden soll, damit sie dann von Jesus vergeben werden kann. Ich habe immer anständig gelebt!"

Das Wort Gottes, die Bibel, sieht das anders: „Es ist keiner gerecht, auch nicht einer; es ist keiner, der verständig ist, der nach Gott fragt. Sie sind alle abgewichen, sie taugen alle zusammen nichts; da ist keiner, der Gutes tut, da ist auch nicht einer!" (Römer 3,10–12; Schl 2000).

Selbst wenn ich so vollkommen und heilig leben könnte, dass ich nur einmal im Monat einen einzigen kleinen gehässigen Gedanken hätte, wäre der Berg meiner Sünden mittlerweile auf 51 x 12, also insgesamt 612 einzelne Bösartigkeiten angewachsen!

Welch eine Gnade Gottes, die diesen riesigen Sündenberg vergibt und vergisst, weil Jesus Christus die Strafe Gottes für mich am Kreuz übernommen hat! In diesem Bewusstsein kann ich an jedem neuen Tag neu anfangen – völlig ohne Altlasten.

## 20 Die Schwalben sind weg!

Ein sanfter Spätsommerwind bläst mir die Haare ins Gesicht. Wir nutzen das milde Sonnenwetter zu einem ausgiebigen Spaziergang. Wer weiß, wann ich mich wieder so ohne Weiteres draußen aufhalten kann? Wenn erst die kalten Herbststürme und der Regen gekommen sind, ist eine Stunde im Freien für mich nicht mehr so einfach zu bewerkstelligen.

Doch jetzt ist das Wetter noch einmal herrlich! Alle Bäume sind weiterhin grün, überall – in den Gärten und am Feldrain – blühen noch Blumen; nur die Getreidefelder sind schon längst abgeerntet. In manchen Feldern ist sogar bereits die neue Saat, das Wintergetreide, eingebracht. Doch der Sonnenschein versucht mich davon zu überzeugen, dass es den Herbstanfang scheinbar nur auf dem Kalender gibt!

Wir nähern uns einem alten Gehöft, Mittelpunkt einer Siedlung mit ein paar Dutzend Häusern. Es ist still. Es ist erstaunlich still. Es ist viel stiller als sonst. Irgendetwas fehlt hier – was ist es nur?

Als ich vor zwei Tagen hier war, schwirrte es überall von einem eindrucksvollen Vogelschwarm. Dutzende von Schwalben jagten auf der Suche nach Beute durch die Luft, sammelten sich zwischendurch immer wieder auf den Stromleitungen und veranstalteten dabei ein beträchtliches Gezwitscher. Es herrschte eine deutlich wahrnehmbare Unruhe.

Aber heute ist alles still. Die Schwalben sind weg.

Woher wissen die Schwalben, wann die Reise losgeht? Es scheint doch noch überall Sommer zu sein. Wie finden sie ihr Reiseziel in Afrika? Ein erheblicher Anteil des Schwarmes, die Jungvögel, sind doch noch nie dort gewesen.

Diese und noch viele weitere Fragen zum jährlichen Vogelzug haben zahlreiche Forscher zu beantworten versucht; doch noch immer sind nicht alle Rätsel gelöst; viele Antworten basieren nach wie vor auf Theorien.

Man geht zum Beispiel davon aus, dass das „Wissen" der Zugvögel genetisch programmiert ist. Es wird vermutet, dass einige Zugvögel sich in Bezug auf die Richtung und das Ziel ihrer Reise mithilfe eines speziellen Organs am Magnetfeld der Erde orientieren. Für Menschen ist dieses Magnetfeld ohne technische Hilfsmittel nicht wahrnehmbar.

Nachdenklich lenke ich meinen Rollstuhl durch den stillen Spätsommerabend. Die Schwalben sind weg! Einige Parallelen zu dem, was ich in der Bibel lese, drängen sich geradezu auf.

Unsere ganze Welt geht dem Herbst und Winter der Menschheitsgeschichte entgegen. Die Bibel berichtet davon, dass Gott die Welt durch zahlreiche Katastrophen aufrütteln und strafen wird – den Beginn dieser Endzeit haben wir schon jetzt ständig vor Augen. Aber Gottes Wort sagt auch, dass der Herr alle, die ihr Vertrauen auf Jesus Christus setzen, an einem von Gott bestimmten Tag plötzlich und „wie aus heiterem Himmel" zu sich in die Herrlichkeit holen wird: „Dann werden wir – die Gläubigen, die zu diesem Zeitpunkt noch am Leben sind – (...) in den Wolken emporgehoben, dem Herrn entgegen, und dann werden wir alle für immer bei ihm sein" (1. Thessalonicher 4,17; NGÜ).

Dieser Vorgang wird im Allgemeinen Entrückung genannt.

Wir werden auf einmal weg sein – wie die Schwalben! Das geschieht scheinbar ohne Vorwarnung, und doch wurde es lange angekündigt und vorbereitet durch die Zeichen der Zeit. Gott allein kennt und bestimmt den Zeitpunkt, Gott allein weiß, wie das genau vor sich gehen wird. Aber so sicher, wie die Schwalben im Herbst ihre Brutgebiete bei uns verlassen, so sicher werden auch wir durch die Allmacht Gottes unsere vorläufige Heimat auf dieser Erde verlassen, um für immer bei unserem Herrn und Gott zu sein!

Und genau wie die Schwalben brauchen auch wir uns keine Gedanken darüber zu machen, dass wir den „Abflug" verpassen könnten. Gott, unser

Herr, sorgt dafür, dass keines seiner Kinder zurückbleibt. Wir müssen nur jederzeit bereit sein.

Das Wort Gottes sagt dazu: „Zur Frage nach dem Zeitpunkt und den näheren Umständen dieser Ereignisse braucht man euch nichts zu schreiben, Geschwister. Ihr selbst wisst ganz genau, dass jener große Tag, der Tag des Herrn, so unerwartet kommen wird wie ein Dieb in der Nacht" (1. Thessalonicher 5,1–2; NGÜ).

Wie ist das bei Ihnen – sind Sie schon reisefertig?

## 21 Womit haben wir das verdient?

Es ist nicht mehr zu übersehen: Der Herbst ist da! Die Ernte ist eingebracht, und allenthalben feiert man zwischen Ende September und Anfang Oktober das traditionelle Erntedankfest. Kirchen und Gemeinden werden mit Blumen und allerlei Erntegaben wie Getreide, Obst und Gemüse reichlich geschmückt.

Ursprünglich waren sich die Menschen der Tatsache überaus bewusst, dass ihre Arbeit allein nicht den Erfolg der Ernte und das Gedeihen des Viehs garantieren kann. Ohne den Segen Gottes, die richtigen Wetterverhältnisse zur richtigen Jahreszeit, kann schnell alle Arbeit vergeblich sein. Dann droht eine Missernte, in der Folge eine bedrohliche Hungersnot. Wenn aber die Früchte der Felder und der Gärten geerntet sind, ist das Überleben fürs Erste gesichert. Sollte man dafür nicht Gott dankbar sein?

Auch heutzutage wird selbstverständlich das Erntedankfest gefeiert – und das ist gut so. Doch richten wir unseren Dank für das tägliche Überleben, für die Nahrung, tatsächlich noch an Gott? Wir fühlen uns doch in der technisierten westlichen Welt des 21. Jahrhunderts völlig unabhängig von Witterungsverhältnissen und Klimabedingungen, unabhängig vom Segen Gottes!

Selbstverständlich müssen die Landwirte auch heute noch und auch in Mitteleuropa hart arbeiten, um die Ernte einbringen zu können. Doch was passiert, wenn das Wetter während der Aussaat viel zu trocken und stürmisch ist und das Getreide nicht keimen kann? Wenn während der Reifezeit immer wieder heftige Regenfälle und Gewitter über die Felder hinwegziehen? Wenn die Kartoffeln wegen anhaltender Feuchtigkeit auf dem Acker verfaulen? Natürlich gibt es deutliche wirtschaftliche Einbußen für die Landwirtschaft – doch was spürt die Bevölkerung davon? Gibt es plötzlich kein Brot mehr zu kaufen? Ist das Gemüse auf einmal für alle unerschwinglich?

Nichts von alledem. Wir mögen uns über gewisse Preissteigerungen ärgern, doch hungern müssen wir nicht. Wir kaufen einfach unsere Nahrungsmittel aus anderen Ländern.

Wie ungerecht ist das?! Es scheint sich niemand wirklich über die Ungerechtigkeit aufzuregen, dass wir hier alles haben – selbst bei ungünstigen Klimaverhältnissen –, während anderswo die Menschen hart arbeiten und dennoch hungern müssen. Womit haben wir das verdient? *Haben* wir das überhaupt verdient?!

Nein, verdient haben wir dieses Wohlergehen ganz und gar nicht – leben wir doch sogar auf Kosten der ärmeren Länder, die ihre Nahrung nicht einfach woanders kaufen können.

Wie kann Gott es zulassen, dass wir diese schreiende Ungerechtigkeit mit einem Schulterzucken hinnehmen? Wie kann Gott es zulassen, dass ... es uns so unverdient gut geht?!

Verdient haben wir das wirklich in keiner Weise. Es ist pure Gnade, niemand hat Anspruch darauf.

Ganz ähnlich ist es mit meinem Leben in Beziehung zu Gott.

Gott bietet mir durch Jesus Christus die Vergebung meiner Schuld und das Geschenk des ewigen

Lebens an – auch das habe ich absolut nicht verdient. „Gerecht" ist das nicht – es ist Gnade!

Wie ein abgeerntetes Feld liegt mein Leben vor den Augen Gottes. Alle Früchte meines Lebens gehören meinem Herrn Jesus Christus. Wie ein fleißiger Landwirt habe ich mich – mit mehr oder weniger Erfolg – bemüht, das Beste aus dem zu machen, was Gott mir zur Verfügung gestellt hat. Ein traditionelles Erntedanklied bringt das sehr einprägsam zum Ausdruck: „... es geht durch unsere Hände, kommt aber her von Gott."

Das Bewusstsein, dass nicht allein meine Bemühungen die „Frucht" hervorbringen, sondern dass mein ganzes Leben voll und ganz in der Hand Gottes liegt, prägt in dieser „Erntezeit" meinen Alltag.

Eigentlich sollte mein ganzes Leben ein „Erntedankfest" für Gott sein!

## 22 Ich trage schwer an meiner Last

A m späten Nachmittag klingelt es an der Tür; es ist schon fast dunkel. Eine Bekannte kommt

„auf einen Sprung" zu Besuch. Als ich ihr einen Platz anbiete, sagt sie lachend: „Nein danke! Ich habe schon den ganzen Tag im Büro gesessen und jetzt auch noch eine halbe Stunde im Auto, ich bleibe lieber eine Weile stehen!"

Ein verständlicher Wunsch. Ein bisschen wehmütig denke ich: *Ich habe schon seit etlichen Jahren nur noch gesessen. Ich würde auch gerne mal wieder eine Weile stehen ...* Schon lassen sich meine Gedanken in den Strudel hinabziehen.

Manchmal geht es mir schlecht. Ich habe schlichtweg keine Lust mehr auf Krankheit. Ich will aus dieser „Nummer" aussteigen, einfach aufstehen. Ich will nicht mehr hilflos sein. Ich will nicht mehr geduldig sein.

*Gott, kannst du nicht endlich mal das Wunder tun und mir wieder einen gesunden Körper schenken? Am besten auch gleich jugendlich frisch, ohne jegliche Alterserscheinung ...?* Aber ich will ja nicht unbescheiden sein. Stehen und gehen, greifen und allein atmen – das würde mir fürs Erste schon reichen.

An solchen Tagen, mit diesen Gedanken im Kopf, trage ich schwer an meiner Last. Die unerfüllten Sehnsüchte meines Herzens zerren an der Seele. Nein, ich mache Gott keinen Vorwurf. Ich vertraue meinem Herrn. „Ich glaube, auch wenn ich sage: Ich werde sehr geplagt", bete ich mit dem Psalmdichter (Psalm 116,10; LÜ).

Aber ich schleppe mich ab mit meinem Leiden. *Wie lange noch, Herr? Wie lange?*

Eine Freundin ist nach schwerer Krankheit gestorben. In den letzten Wochen hatte sie den Tod herbeigesehnt. „Diese Krankheit ist so ausweglos", meinte sie resigniert. „Ich sehe überhaupt keine Perspektive mehr für mich." Die göttliche Perspektive, ein Leben und Sterben mit Jesus Christus, wollte sie nie in Erwägung ziehen. „Mein Himmel war schon hier auf der Erde: mit einem liebevollen Ehemann, zwei wunderbaren Kindern, Erfolg im Beruf, einem harmonischen Heim. Ich will deinen Himmel bei Gott nicht." Welch eine entsetzliche Aussicht ...

Die Sehnsucht nach dem Tod, nach der Erlösung aus der körperlichen Qual kann ich bestens nachvollziehen – aber nur weil ich weiß, wer mich dann erwartet: mein Herr und Erlöser Jesus Christus! Trotzdem geht es mir wie Paulus: „Denn der Inhalt meines Lebens ist Christus, und deshalb ist Sterben für mich ein Gewinn. Andererseits kann ich, solange ich noch hier auf der Erde lebe, eine Arbeit tun, die Früchte trägt. Daher weiß ich nicht, was ich vorziehen soll. Ich bin hin- und hergerissen: Am liebsten würde ich das irdische Leben hinter mir lassen und bei Christus sein; das wäre bei Weitem das Beste" (Philipper 1,21–23; NGÜ).

Kürzlich schrieb mir eine „Leidensgenossin": „Das Leben mit der Krankheit wird immer schwieriger. Langsam zwingt sie mich in die Knie."

Ja, Schwierigkeiten auszuhalten ist eine schwere Aufgabe in der Schule Gottes – und das gilt nicht nur für Krankheit, sondern auch für eine Vielzahl von Lebensprüfungen. Aber kein Christ muss sich davon „in die Knie zwingen" lassen. Wir haben vielmehr das besondere Privileg, dass wir all unsere Sorgen und Lasten vor den Thron Gottes bringen können. Sie treiben uns „auf die Knie"!

Auch heute, wenn mein Leben so trist und grau, so schwer und mühsam ist, so voller Sehnsüchte ... auch heute kann ich damit zu meinem Herrn und Gott kommen und mich seinen liebenden Armen anvertrauen.

Er trägt mich. Immer und ewig.

# 23 Meine Wege, Gottes Wege

Wir sind schon eine ganze Weile unterwegs und das geliehene Navigationsgerät hat uns bisher gute Dienste geleistet. Nun nähern wir uns der Stadt Antwerpen, die wir auf dem unübersichtlichen Autobahnring umfahren wollen. Doch der körperlose Lotse weist uns an, die Autobahn zu verlassen. Wir wundern uns – aber wir gehorchen wie selbstverständlich der elektronischen Stimme. Offenbar befinden wir uns in einem Vorort. Das Gerät befiehlt uns, rechts abzubiegen. Unvermittelt scheinen wir in eine andere Welt eingetaucht zu sein: Männer mit langen Gewändern und Turban, verschleierte Frauen, allerlei kleine Läden, die ihre frischen und bunten Waren auch auf dem Gehweg anbieten. An einer Kreuzung sollen wir wieder rechts abbiegen. Unsere unfreiwillige Stadtrundfahrt führt durch kleine Sträßchen; wir fühlen uns wie im Orient. Das Navigationsgerät dirigiert uns weiter. Kurz darauf erreichen wir die Hauptstraße, und ungerührt werden wir wieder auf die Autobahn geleitet, die wir zuvor verlassen sollten.

Wir haben nie ergründen können, wie es zu diesem verwirrenden Umweg kam. Doch jene wenigen Minuten, unerwartet eingetaucht in eine fremde

Kultur, haben einen bleibenden Eindruck hinterlassen, wie Urlaubserinnerungen – Bilder, Gerüche, ein einzigartiges Flair.

Auch Gottes Führungen im Leben scheinen manchmal solche Umwege zu sein, aber im Gegensatz zu einem „Navi" (oder zu uns Menschen) hat Gott immer den Überblick – er weiß, was er tut! Dennoch ertappe ich mich selbst immer wieder dabei, dass ich meinem Herrn und Gott nicht so bereitwillig gehorchen will wie einem elektronischen System …

Ich hatte mir mein Leben anders vorgestellt. Ich hatte schnurgerade Wege geplant, eine bequeme Autobahn durch meine Lebenszeit. Vielleicht ab und zu ein Rastplatz zum Ausruhen oder ein „Autobahnkreuz", um eine neue Richtung zu wählen. Umwege, Pannen, Baustellen, Unfälle oder Staus waren einfach nicht eingeplant. Und selbstverständlich hatte ich auch nicht damit gerechnet, dass Gott so massiv eingreift und meinen komfortablen Lebensweg plötzlich unpassierbar macht. Eine komplette Sperrung! Es bleibt mir nichts anderes übrig, als Gottes scheinbaren Umwegen zu folgen.

Ich hatte damit gerechnet, während einer ausgedehnten Familienphase für meine Kinder da sein zu können. Doch Gott nahm mir viele Möglichkeiten dazu aus der Hand. Bedingt durch meine Krankheit mussten stattdessen meine Kinder für mich sorgen.

Ich war davon ausgegangen, noch viele Reisen und Unternehmungen mit meinem Mann genießen zu können, sobald die Kinder auf eigenen Füßen stehen. Doch durch meinen körperlichen Zustand sind die meisten dieser Aktivitäten schlichtweg unmöglich geworden.

Gott hat mich von meiner erträumten Lebensautobahn auf holprige Nebenstrecken geführt, die mir oft wie Umwege vorkommen, wie reine Zeitverschwendung. Doch im Rückblick auf die „Umleitungen" der letzten Jahre kann ich immer wieder erkennen, dass die guten Gedanken Gottes mit mir dahinterstecken. Manche scheinbaren Umwege des Lebens sind in Wahrheit ein Segen, eine Gnade Gottes. Durch diese Umwege in „unbekanntes Gelände" motiviert mich Gott, mich immer und überall an ihm zu orientieren. Der Herr selbst sagt: „Denn meine Gedanken sind nicht eure Gedanken, und eure Wege sind nicht meine Wege (...). Denn so viel der Himmel höher ist als die Erde, so sind meine Wege höher als eure Wege und meine Gedanken als eure Gedanken" (Jesaja 55,89).

Wenn Sie das vergangene Jahr vor Ihrem inneren Auge Revue passieren lassen, dann achten Sie doch einmal besonders auf die göttlichen Umleitungen. Entdecken Sie die unerwarteten Oasen auf dem Lebensweg, der Gottes Führung folgt!

## 24 Meine neue Karriere

Neulich im Supermarkt: Auf der Suche nach meinem Lieblingstee rolle ich langsam an den Regalen entlang. Plötzlich bemerke ich ein Kind, vielleicht vier oder fünf Jahre alt. Knapp zwei Meter vor mir steht es wie angewurzelt und starrt mich aus großen Augen an. Ich bleibe stehen, lächele freundlich und sage: „Hallo!" In diesem Moment dreht sich das Kind ruckartig um, rennt in die andere Richtung und ruft laut: „Mama, guck mal, ein Monster!"

Der jungen Mutter ist die ganze Sache so schrecklich peinlich, dass sie mein breites Grinsen leider gar nicht bemerkt ... Noch zu Hause lache ich über diese ulkige Bemerkung aus Kindermund!

Aus seiner Sicht hat das Kind ja völlig recht. Da sieht man eine undefinierbare menschenähnliche Gestalt, die sich auf Rädern fortbewegt. Dort, wo bei einem „normalen" Menschen die Nase ist, ist nur eine „Gumminase" zu sehen, die mit breiten dunkelblauen Bändern am Kopf befestigt ist und Augen und Mund fast verdeckt. Zu allem Überfluss ist an dieser Nase ein langer „Rüssel" befestigt, der komische zischende Geräusche macht. Und dann sind da noch mehrere Kabel und Schläuche, die linke Hand steckt in einer festen Schiene, die deformierten Füße in unförmigen Fellschuhen. Und außerdem klackt das Gefährt fortwährend, wenn es sich bewegt. Da liegt die Schlussfolgerung dieses Kindes wirklich nahe: Es kann sich nur um ein Monster handeln!

Schon seit einiger Zeit mache ich eine ganz neue „Karriere" als Kinderschreck. Vor allem Kleinkinder in einer bestimmten Entwicklungsphase reagieren häufig mit Panik, weil sie meinen ungewöhnlichen fremdartigen Anblick überhaupt nicht einordnen können.

Ganz anders ist das bei Kindern, die mich häufig zu Gesicht bekommen. Frederic, dreieinhalb Jahre alt, und seine kleine Schwester Lotta zum Beispiel verkriechen sich nicht ängstlich auf Mamas Schoß, sondern plaudern ganz unbefangen mit mir. Den beiden ist mein Anblick vertraut, sie nehmen das Fremdartige gar nicht wahr.

Berührungsängste sind ein bemerkenswertes Phänomen, das man bei vielen Zeitgenossen auch im Hinblick auf Gott beobachten kann! Im Grunde ist es eine ganz natürliche Reaktion, wenn man Angst hat vor dem, was man nicht kennt. In unserer nachchristlichen Gesellschaft sind erschreckend viele Menschen völlig ahnungslos, wenn es um die einfachsten Grundlagen des christlichen Glaubens geht. Wer ist Gott? Wer ist Jesus Christus? Was ist die Bibel? Alles das kennt man nicht mehr – nicht aus eigener Anschauung, oft noch nicht einmal mehr theoretisch. Dafür hört man immer wieder, wie gefährlich „Religion" sein soll – und wie unnötig in der heutigen Zeit. Also lässt man vorsichtshalber die Finger davon und geht ängstlich auf Distanz.

In meiner unfreiwilligen Rolle als Kinderschreck kann ich versuchen, behutsam eine Beziehung zu den kleinen Angsthasen aufzubauen. Wenn sie vorsichtig an mich herangeführt werden, mich in Ruhe kennenlernen können, mit mir reden, dann verblasst die Angst, und eine gesunde Neugier kommt zum Vorschein.

Das ist unsere Aufgabe als Christen: Wir können misstrauischen Menschen vorleben, dass eine vertrauensvolle Beziehung zu Gott durch seinen Sohn Jesus Christus nichts Beängstigendes hat, sondern dass man – im Gegenteil – alle Ängste, alle Schuld, den Seelenmüll eines ganzen Lebens

bei IHM abladen kann und das ewige Leben in SEI-
NER Gegenwart als völlig unverdientes Geschenk
erhält. Vielleicht schmelzen durch dieses Vorbild
bei manch einem Menschen die Berührungsängste dahin?!

## 25 Relativ und absolut

Alles ist relativ" – spätestens seit Albert Einstein ist dieser Spruch in aller Munde. Ich gebe
gerne zu: Ich habe keine Ahnung, was genau der
geniale Physiker mit seiner Relativitätstheorie und
der berühmten Formel $E=mc^2$ eigentlich ausdrückt.
Von Physik verstehe ich nicht das Geringste. Ich
mache es wie die meisten Menschen und wende
den weltbekannten Satz einfach auf meinen Alltag
an.

Ein Liter Flüssigkeit mit intensivem Geruch für
1,80 € – für das Benzin an der Tankstelle ist das relativ viel.

Ein Liter Flüssigkeit mit intensivem Geruch für
180,00 € – für ein erlesenes Parfüm ist das relativ
wenig.

Das Wort „relativ" wird von dem lateinischen Begriff *relatio* abgeleitet; das bedeutet „Beziehung". Es kommt also tatsächlich darauf an, in welche Relation, das heißt (wörtlich) in welche Beziehung man Dinge zueinander setzt.

In diesem Sinne (aber wirklich nur in diesem Sinn!) ist die Bibel, das Wort Gottes, durchaus „relativ": Von Anfang bis Ende, von der Schöpfung bis zur Offenbarung, geht es um die Beziehung, die der allmächtige Herr des Universums mit uns Menschen eingehen will! Die Geschichte Gottes mit den Menschen gipfelt darin, dass Gott seinen einzigen Sohn, Jesus Christus, auf die Erde schickt, damit in ihm die Liebe Gottes sichtbar wird. Die Liebe heilt und tröstet, die Liebe richtet auf, die Liebe vergibt. Aber alle diese Taten der Liebe wären letztlich sinnlos geblieben, wenn Jesus nicht das grundsätzliche Schuldproblem des Menschen durch seinen eigenen stellvertretenden Tod gelöst hätte. Einzig und allein dadurch komme ich in eine Beziehung zu Gott, die von der Sünde unbelastet ist, weil Jesus die Strafe für meine Sünden schon verbüßt hat.

In der Physik hat Einstein mit dem Satz, dass alles relativ sei, vermutlich recht. Aber schon im täglichen Leben stoße ich damit schnell an Grenzen. Viele Dinge sind durchaus „absolut" und damit nicht verhandelbar. Ob relativ teuer oder relativ billig – an der Tankstelle oder in der Parfümerie ist keine Diskussion möglich: Der veranschlagte Preis muss bezahlt werden. Der absolute Maßstab dafür ist die jeweils gültige Preisauszeichnung; keine Kassiererin darf an dieser Stelle ein Auge zudrücken.

Der Maßstab Gottes, die Bibel, steht ebenfalls nicht zur Diskussion. Das Wort Gottes ist nicht nur relativ richtig, sondern absolut verlässlich. Die Bibel ist nicht nur relativ bedeutend, sondern absolut richtungsweisend.

Als Jesus gefragt wird, welches das wichtigste Gebot sei, antwortet er: „Das wichtigste Gebot ist: Höre, Israel, der Herr, unser Gott, ist der alleinige Herr. Du sollst den Herrn, deinen Gott, lieben von ganzem Herzen, mit ganzer Hingabe, mit deinem ganzen Verstand und mit aller deiner Kraft! An zweiter Stelle steht das Gebot: Liebe deine Mitmenschen wie dich selbst! Kein Gebot ist wichtiger als diese beiden" (Markus 12,29–31; NGÜ).

Liebe. Von ganzem Herzen. Mit ganzer Hingabe. Mit dem ganzen Verstand und aller Kraft. Das ist absolut radikal! Man spürt es sehr deutlich: Mit Jesus kann man keine halben Sachen machen.

Ein relativ guter Mensch zu sein, das reicht nicht. Sich relativ viel Mühe zu geben, auch das ist nicht genug. Aber absolut alles von Gott zu erwar-

ten, Gott als absolut oberste Priorität im Leben an-
zuerkennen, das ist der Maßstab Gottes.

Auch wenn ich nur relativ wenig von Gottes
Größe und Allmacht begreife, kann ich doch absolut sicher sein, dass er mein Leben in seiner Hand
hält!

Alles ist relativ – nur mein Gott und Heiland ist
absolut einzigartig!

# Nachwort:
## Gott macht keine Fehler

*Ich weiß, dass mein Erlöser lebt, und zuletzt wird er sich über den Staub erheben. Und nachdem diese meine Hülle zerbrochen ist, dann werde ich, von meinem Fleisch los, Gott schauen; ja, ich selbst werde ihn schauen, und meine Augen werden ihn sehen, ohne ihm fremd zu sein. Danach sehnt sich mein Herz in mir!*
Hiob 19,25–27; Schl 2000

Wie kann Gott es bloß zulassen, dass dich eine solche Krankheit trifft? Das muss doch ein Irrtum Gottes sein, dass ausgerechnet Christen so leiden müssen!" – Ab und zu höre ich diese und ähnliche Äußerungen.

Doch ich kann immer nur mit großer Entschiedenheit sagen: Gott macht keine Fehler. Gottes Entscheidungen sind immer absolut richtig – ob ich sie verstehe oder nicht, ob sie mir gefallen oder nicht.

Er ist Gott, der Allmächtige. Er muss sein Handeln nicht rechtfertigen und er muss es mir auch nicht erklären.

Doch ich nehme die Fragen zum Anlass, um mir Gedanken über die unveränderlichen Grundvoraussetzungen meines Lebens zu machen.

## Das Fundament meines Lebens

*Ich weiß, dass mein Erlöser lebt!*
Hiob 19,25

Die Liebe zur Musik hat mich von Kindheit an begleitet. Ganz besonders begeistert hat mich schon früh das Oratorium „Der Messias" von Georg Friedrich Händel aus dem 18. Jahrhundert. Alle Gesangtexte sind der Bibel entnommen; von den Prophetien des Alten Testaments bis hin zu den Evangelientexten über Leben, Sterben und Auferstehung des Herrn Jesus Christus wird ein großartiges Panorama der Erlösung des Menschen durch die Gnade Gottes gezeigt. Mein liebstes Musikstück daraus ist die Arie *Ich weiß, dass mein Erlöser lebt.* Dieses Bibelwort aus dem Buch Hiob fasst die Grundzüge meines Glaubens ganz kompakt zusammen.

Wort für Wort betrachtet, entfaltet der Bibelvers seine komplexe Bedeutung.

## Ich *weiß*, dass mein Erlöser lebt!

Manchmal werde ich gefragt: „Woher willst du eigentlich wissen, dass alles das stimmt, was in der Bibel steht? Vielleicht ist das Ganze nicht mehr als eine Illusion."

Im Unterschied zu vielen anderen Frauen bin ich nicht besonders emotional veranlagt; auch mein Glaubensleben hat sehr rationale Wurzeln. Ich kann die Pfeiler der Gewissheit meines Glaubens benennen; die Logik des Glaubens ist durchaus durch Argumente nachvollziehbar. Doch letztlich ist natürlich auch Glauben-Können (oder Glauben-Wollen) ein Geschenk der Gnade Gottes – allerdings eins, das Gott jedem Menschen schenken möchte!

Von den vielen überzeugenden Argumenten möchte ich einige Beispiele herausgreifen:

» *Die Schöpfung und ihr Schöpfer*
Tausende Phänomene aus der Natur bringen mich immer wieder zum Staunen!

Allein in den vergangenen dreißig Jahren hat die Biologie, vor allem die Mikrobiologie, faszinierende

Erkenntnisse zum Aufbau einer Zelle, zur Steuerung eines Organismus, zur Genetik und zu vielen weiteren biologischen Gesetzmäßigkeiten gewonnen. Wenn man sich vor Augen führt, welche ungeheuer komplizierten Vorgänge allein in einer einzigen lebendigen Zelle ständig ablaufen – die Beschreibung allein nähme schon mehrere Seiten in Anspruch! –, dann ist der lahme Erklärungsversuch der Evolution, alle diese komplexen Mechanismen hätten sich zufällig so entwickelt, für mich logisch nicht nachzuvollziehen.

Ich muss gestehen: So groß ist mein „Glaube" an „die Natur" nicht, dass ich „ihr" solche ausgeklügelten und miteinander harmonisierenden „Zufälle" zutrauen würde. Mein Verstand kann nicht anders, als davon auszugehen, dass ein genialer und allmächtiger Schöpfer alle diese faszinierenden Naturerscheinungen erdacht und erschaffen hat.

Von der Entwicklung einer befruchteten Eizelle zu einem erwachsenen Individuum bis hin zur Organisation und Harmonie des Weltalls – überall stoße ich auf unübersehbare Spuren dessen, der alles das noch immer in seiner Hand hält!

» *Die Geschichte des Volkes Israel*
Ein ganz anderer, aber nicht weniger spannender „Beweis" für die Existenz des Gottes der Bibel ist

in meinen Augen die Existenz und die Geschichte des Volkes Israel. Welch eine große Anzahl von biblischen Prophetien im Hinblick auf Israel haben sich bereits wortwörtlich erfüllt! Eines der größten Wunder im Hinblick auf dieses von Gott auserwählte irdische Volk Gottes ist für mich, dass die Juden auch nach 2000 Jahren Zerstreuung – buchstäblich in der ganzen Welt – noch eine Volksidentität haben. (Wer weiß dagegen heute noch etwas von den Germanen?!?)

So wie Gott es vor langer Zeit in der Bibel angekündigt hat, ist das Volk der Juden im 20. Jahrhundert tatsächlich wieder in das kleine Mittelmeerland Israel zurückgekehrt. Praktisch aus dem Nichts ist 1948 der moderne Staat Israel gegründet worden – genauso, wie Bibelleser es schon immer „gewusst" haben.

Das zeigt mir ganz deutlich: Die Bibel ist verlässlich!

» *Erfüllte Prophetie zur Person des Herrn*
   *Jesus Christus in der Bibel*
Auch im Hinblick auf Jesus gibt es zahlreiche Prophetien, die sich in seinem Leben, seinem Opfertod und seiner Auferstehung erfüllt haben. Etliche Einzelheiten im Alten Testament deuten eindrucksvoll auf das Leben des Messias Jesus hin.

Insbesondere die Schilderung des freiwilligen Opfers, das Jesus auf sich genommen hat, stellt mir plastisch vor Augen: Der historische Jesus Christus ist wirklich genau der, für den er sich ausgibt: der Sohn Gottes!

*Er war verachtet und von den Menschen verlassen, ein Mann der Schmerzen und mit Leiden vertraut. Jedoch unsere Leiden – er hat sie getragen, und unsere Schmerzen – er hat sie auf sich geladen. Wir aber, wir hielten ihn für bestraft, von Gott geschlagen und niedergebeugt. Doch er war durchbohrt um unserer Vergehen willen, zerschlagen um unserer Sünden willen. Die Strafe lag auf ihm zu unserm Frieden, und durch seine Striemen ist uns Heilung geworden. Wir alle irrten umher wie Schafe, wir wandten uns jeder auf seinen eigenen Weg; aber der HERR ließ ihn treffen unser aller Schuld.*
Jesaja 53,3–6

Können Sie sich das vorstellen? Diese Worte wurden ungefähr 700 Jahre *vor* Jesus' Erscheinen auf dieser Erde aufgeschrieben. Ich kann daraus nur eine Schlussfolgerung ziehen: Die Bibel ist glaubwürdig!

» *Auswirkungen des Glaubens*

Der Glaube an den Gott der Bibel und seinen Sohn Jesus Christus zeigt viele Auswirkungen durch die Jahrtausende; in Zeiten der Ruhe, aber auch in den schrecklichen Zeiten der Verfolgung von den Anfängen des Christentums bis heute. Nach menschlichem Ermessen scheint das gänzlich unmöglich – nicht aber bei Gott. Von Anfang an misstrauisch beäugt, auf vielfältige Weise durch die Jahrhunderte immer wieder verwässert und verfälscht, gibt es dennoch auch nach 2000 Jahren noch die schlichte Botschaft der Bibel, und es gibt aktuell Millionen von Menschen, die dem Wort Gottes glauben und ihr Leben darauf bauen – ganz unverschnörkelt und so, wie Gott den Menschen die Texte des Alten und Neuen Testaments anvertraut hat.

Heute wird auf allen Kontinenten und in nahezu allen Ländern dieser Erde die „gute Nachricht" von Jesus Christus verbreitet.

Doch zuallererst sehe ich natürlich die Auswirkungen des Glaubens bei mir persönlich – mein Leben ist durch mein Vertrauen zu Jesus Christus geprägt; es ist mit meinem Herrn und Gott verwoben. Das ist für mich persönlich sowie für unzählige andere Christen das entscheidende Argument: Gottes Liebe ist eine Erfahrungstatsache, keine Einbildung. Jeder kann es ausprobieren und dabei möglicherweise die gleiche Erfahrung machen.

Aus dieser Gotteserfahrung heraus kann ich auch auf schwierigen Wegstrecken des Lebens so relativ gelassen alles auf mich zukommen lassen, deshalb kann ich mich ganz in Gottes Hand geben: Ich habe die Liebe Gottes in Jesus Christus erfahren ... ich *weiß!*


## Ich weiß, dass *mein Erlöser* lebt!

„Mein Erlöser" – was heißt das konkret? Was bedeutet „Erlösung"? Wovon muss ich erlöst werden? Wozu muss ich erlöst werden? Und wie funktioniert denn diese Erlösung?

Stichwortartig zusammengefasst kann man die Situation für jeden einzelnen Menschen folgendermaßen beschreiben:

» Kein einziger Mensch kann von sich behaupten, völlig fehlerfrei – ohne Sünde – zu leben.
» Kein Mensch kann von sich aus die Sünde loswerden, auch nicht durch gute Werke.

» Der heilige und gerechte Gott ist aber absolut vollkommen. Deshalb kann er keinen sündigen Menschen in seiner heiligen Gegenwart dulden.

» Sünde muss bestraft werden; nur so kann Gerechtigkeit wiederhergestellt werden. Die einzig mögliche Strafe für die Sünde ist der Tod.

» Nur ein Unschuldiger kann stellvertretend für einen Schuldigen sterben, um ihn von der Strafe für die Sünde loszukaufen, zu „erlösen".

» Jesus Christus war absolut unschuldig, völlig ohne Sünde. Er konnte deshalb für die Sünde der Menschen freiwillig und aus Liebe sterben.

» Ein Mensch kann dieses Angebot, dieses Geschenk, nur ohne Gegenleistung annehmen und so zu Gott kommen.

» Dadurch ist er „erlöst" von der Strafe für die Sünde und darf in der Gegenwart Gottes leben.

Kein Mensch kann etwas dafür tun, dass er von Gott angenommen wird. Das ist einfach Gnade, die Erlösung kann man nur als Geschenk annehmen.

Erlösung hat also in erster Linie mit der Person des Erlösers, Jesus Christus, zu tun. Doch ich lege die Betonung außerdem auf das kleine Wörtchen „mein". Diese unfassbare Liebe Gottes, die mir die Erlösung von Sünde und Strafe schenkt, darf ich ganz persönlich nehmen, denn er ist *mein Erlöser!*

## Ich weiß, dass mein Erlöser *lebt!*

Mein Erlöser ist Jesus Christus. Und mein Herr Jesus Christus ist weit mehr als eine historische Persönlichkeit, die vor langer Zeit im Mittelmeerraum gelebt hat. Zwar wurde er auf grausame Art ermordet – und zwar für meine Sünden –, doch ist er nicht im Tod geblieben.

Die Auferstehung ist eine historische Tatsache, bezeugt von vielen Hundert Menschen, die Augenzeugen dieses außerordentlichen Ereignisses waren. Die Tatsache seiner Auferstehung zeigt mit aller Deutlichkeit, dass Jesus Christus wirklich Gottes Sohn ist.

Der Tod hatte bei diesen Ereignissen nicht das letzte Wort, denn Jesus hat den Tod besiegt! Das hat Auswirkungen bis in mein Leben im 21. Jahrhundert hinein. Auch für mich bedeutet der Sieg des Herrn Jesus Christus über den Tod ewiges Leben.

Ich empfinde eine überströmende Dankbarkeit für die Gewissheit, dass mein Leben hier – mein

Leben mit Krankheit, Hilflosigkeit und Schmerz – nicht alles ist! Vielmehr habe ich ein zukunftsorientiertes Leben, weil mein Erlöser lebt.

Auch nach dem Tod meines Körpers bin ich bei Gott geborgen, noch viel mehr als je zuvor.

*Jesus sagt: Wer mein Wort hört und glaubt dem, der mich gesandt hat, der hat ewiges Leben und kommt nicht ins Gericht, sondern er ist aus dem Tod in das Leben übergegangen.*
Johannes 5,24

*Wenn der Geist dessen, der Jesus von den Toten auferweckt hat, in euch wohnt, so wird er, der Christus von den Toten auferweckt hat, auch eure sterblichen Leiber lebendig machen durch seinen Geist, der in euch wohnt.*
Römer 8,11

Deshalb lautet das unumstößliche Fundament meines Glaubens: Ich weiß, dass mein Erlöser lebt!

## Meine Antwort auf die Liebe Gottes: Hingabe

*Mein Herr und mein Gott!*
Johannes 20,28

Ich kann nichts dazu beitragen, dass Gott mich liebt und meine Schuld vergeben hat. Er tut das alles allein aus Gnade.

Doch eines kann ich: Ich kann auf die Liebe Gottes mit meinem Leben antworten. Und meine Antwort ist die Hingabe meines Lebens an Jesus Christus, meinen Herrn und Heiland.

Die stammelnden Worte von Thomas, dem Skeptiker, bei der Begegnung mit dem auferstandenen Herrn berühren mich immer wieder aufs Neue: „Mein Herr und mein Gott!" Darin liegen Anerkennung, Wertschätzung, Liebe – und Hingabe.

Thomas hatte eine sehr persönliche Beziehung zu Jesus. Jahrelang war er mit ihm unterwegs gewesen, hatte ihn beobachtet, ihn in allen Situationen des Lebens hautnah erlebt. Für ihn bedeutete der Glaube an Jesus nicht der Beginn einer neuen Religion, sondern die Fortsetzung seiner persönlichen Beziehung zu Jesus, dem Erlöser, dem Sohn Gottes.

Auf dieser Grundlage lebe auch ich mit meinem Herrn Jesus Christus. Er hat meine Sünde durch seinen Tod am Kreuz beseitigt, und deshalb kann und will ich mit ihm leben – jetzt und hier und auch in der Ewigkeit. Für mich ist Hingabe die einzig mögliche Antwort darauf, dass ich in

Jesus Christus umhüllt von der Liebe Gottes leben darf.

## Gottes Auftrag für mich

*Ich werde nicht sterben, sondern leben und des HERRN Werke verkündigen.*
Psalm 118,17; LÜ

*Kommt her, höret zu, alle, die ihr Gott fürchtet; ich will erzählen, was er an mir getan hat.*
Psalm 66,16; LÜ

Vor einigen Jahren saß ich wie an jedem Morgen vor meinem Computer und las in meiner Bildschirmbibel. An diesem Tag war ich ziemlich niedergeschlagen. Ich vermisste meine abgewetzte Bibel mit den vielen handschriftlichen Notizen und Anmerkungen und ich war recht mutlos. Was konnte ich denn noch tun? Hilflos dasitzen und „aushalten". Das Atmen war so mühsam geworden, und oft hatte ich das Gefühl, nur noch im Wartezimmer des Todes zu sitzen. Ich hatte keine Energie, selbst einen Bibelabschnitt auszusuchen. Deshalb ließ ich mir einfach die Tageslosung anzeigen. Psalm 118 erschien:

*Preist den HERRN, denn er ist gut, denn seine Gnade währt ewig! Es sage Israel: Ja, seine Gnade währt ewig! Es sage das Haus Aaron: Ja, seine Gnade währt ewig! Es sagen, die den HERRN fürchten: Ja, seine Gnade währt ewig!*

Ja, das weiß ich, dachte ich. Seine Gnade währt ewig. Auch für mich? Auch heute?

Ich las weiter, und plötzlich packte mich das Wort:

*Ich werde nicht sterben, sondern leben und des Herrn Werke verkündigen.*

Jetzt fühlte ich mich ganz persönlich angesprochen. Hatte Gott mein Leben nicht bisher bewahrt – trotz Krankheit? Waren die Symptome nicht auf unerklärliche Weise zum Stillstand gekommen? Hatte Gott mir die Muskulatur zum Sprechen nicht ebenso unerklärlich bisher erhalten? Hatte er mir nicht unzählige Möglichkeiten gegeben, um weiterhin *für ihn* zu leben?!

Genau das war doch der Sinn meines Lebens seit meiner Bekehrung gewesen, oder? Vielleicht war ich nun endlich dem „göttlichen" Sinn meiner Krankheit auf der Spur?

Gott motivierte mich mit diesem Psalmwort, mein Leben auch weiterhin ganz in seinen Dienst zu stellen. Ich will versuchen, seinen Auftrag an mich wahrzunehmen, wo immer es möglich ist.

*Ich achte mein Leben nicht der Rede wert, wenn ich nur meinen Lauf vollende und das Amt ausrichte, das ich von dem Herrn Jesus empfangen habe, zu bezeugen das Evangelium von der Gnade Gottes.*
Apostelgeschichte 20,24; LÜ

## Wunderbare Aussichten!

Manche halten den Glauben an den Gott der Bibel und an den Himmel für eine „Krücke", manche für eine Droge – „Opium fürs Volk". Kinder, Frauen und alte Leute dürfen sich mit der Vorstellung eines Himmels trösten; vielleicht auch Menschen, denen es im Leben schlecht ergeht. Aber solche, die sich für „Realisten" halten, meinen häufig, der wahre Himmel lasse sich nur auf der Erde verwirklichen.

Welch ein weitreichender Irrtum!

Die Bibel macht es an zahlreichen Stellen sehr deutlich: Das Evangelium ist nicht nur für diese Erde, es weist weit darüber hinaus.

Die wunderbaren Aussichten, die Gott seinen Kindern in seinem Wort vor Augen malt, motivieren mich auf zweifache Weise: Einerseits helfen sie mir, zielorientiert zu leben. Aus Gottes Wort, der Bibel, weiß ich ja, dass Gott alles in seiner Hand hält – meinen persönlichen Lebensweg genauso wie die großen Zusammenhänge der Weltpolitik. Ich weiß, dass letztlich alles in die ewige Herrlichkeit einmündet.

Aber andererseits macht die Bibel auch keinen Hehl daraus, dass die Zukunft zweigleisig fährt: Der Himmel ist Realität – aber die Hölle, die ewige Gottesferne für alle Menschen, die in ihrem Leben ohne Gott auszukommen meinen, ist ebenso real!

Als erlöstes Kind Gottes freue ich mich nun ganz kindlich auf den Himmel. Der Herr zeigte dem Apostel Johannes in wunderbaren Bildern, wie es einmal sein wird:

*Und ich sah einen neuen Himmel und eine neue Erde; denn der erste Himmel und die erste Erde waren vergangen. (...) Und ich hörte eine laute Stimme vom Thron her sagen: Siehe, das Zelt Gottes bei den Menschen! Und er wird bei ihnen wohnen, und sie werden sein Volk sein, und Gott selbst wird bei ihnen sein, ihr Gott. Und er wird jede Träne von ihren Augen abwischen, und der Tod wird nicht mehr sein, noch Trauer, noch Geschrei, noch Schmerz wird mehr sein: denn das Erste ist vergangen.*

*(...) Siehe, ich mache alles neu. (...) Diese Worte sind gewiss und wahrhaftig.*
Offenbarung 21,1–5

Unter dem Eindruck dieser Gedanken bete ich mit vielen anderen Christen: „Komm, Herr Jesus!" (Offenbarung 22,20).

# DU, MEIN HERR, MEIN GOTT

Mein Herr und mein Gott, du wohnst in mir
Siehst mich von innen und außen
Liebst mich, obwohl du mich kennst

Du bist nicht fern
Nie kann ich tiefer fallen als in deine Arme

Du zeigst mir, was Liebe ist
Du zeigst mir, was Güte ist
Du gehst voran, ich folge dir

Dein Geist umweht mich
Dein Geist haucht in mein Inneres

In deiner Schöpfung sehe ich
Wunder
Schönheit
Zartheit

Und ich sehe
Deine Macht

Und verborgen
Dennoch gegenwärtig
Das gewaltige Wunder
Ewiges Leben in deiner Gegenwart

Du hast mich passend gemacht
Du hast den Schuldschein zerrissen
Bist meinen Tod gestorben

Unverdientes Geschenk
Deine Gnade

Auch den Dank hast du
Mir ins Herz gepflanzt

Du
Mein Herr und mein Gott
Wohin sonst kann ich gehen –

Immer zu DIR
Ewig zu DIR

Irmgard Grunwald

## Gott schenkt mir eine Rose
Wie man trotz Krankheit
dankbar sein kann

Kann es in einem Leben, das von Krankheit ge-
zeichnet ist, Freude und Dankbarkeit geben? Die
Autorin, seit 10 Jahren an ALS erkrankt und vollständig gelähmt, erzählt von ihren täglichen Erfahrungen mit Gottes Fürsorge und zeigt: Aus Dankbarkeit wächst Lebensqualität.

Gebunden, 128 Seiten
Best.-Nr.: 273.885
ISNB 978-3-89436-885-2
EUR (D) 8,90 | EUR (A) 9,20 | SFR 13,50